LE

CHEMIN DE FER DIRECT

DE

LYON A BORDEAUX

A LA DERNIÈRE SESSION

DES

CONSEILS GÉNÉRAUX

EXTRAIT DES DÉLIBÉRATIONS

PARIS

DUNOD, ÉDITEUR

SUCCESSEUR DE VICTOR DALMONT

Précédemment Carilian-Gœury et Victor Dalmont

LIBRAIRE DES CORPS IMPÉRIAUX DES PONTS ET CHAUSSÉES ET DES MINES

Quai des Augustins, 49.

Septembre 1863

V

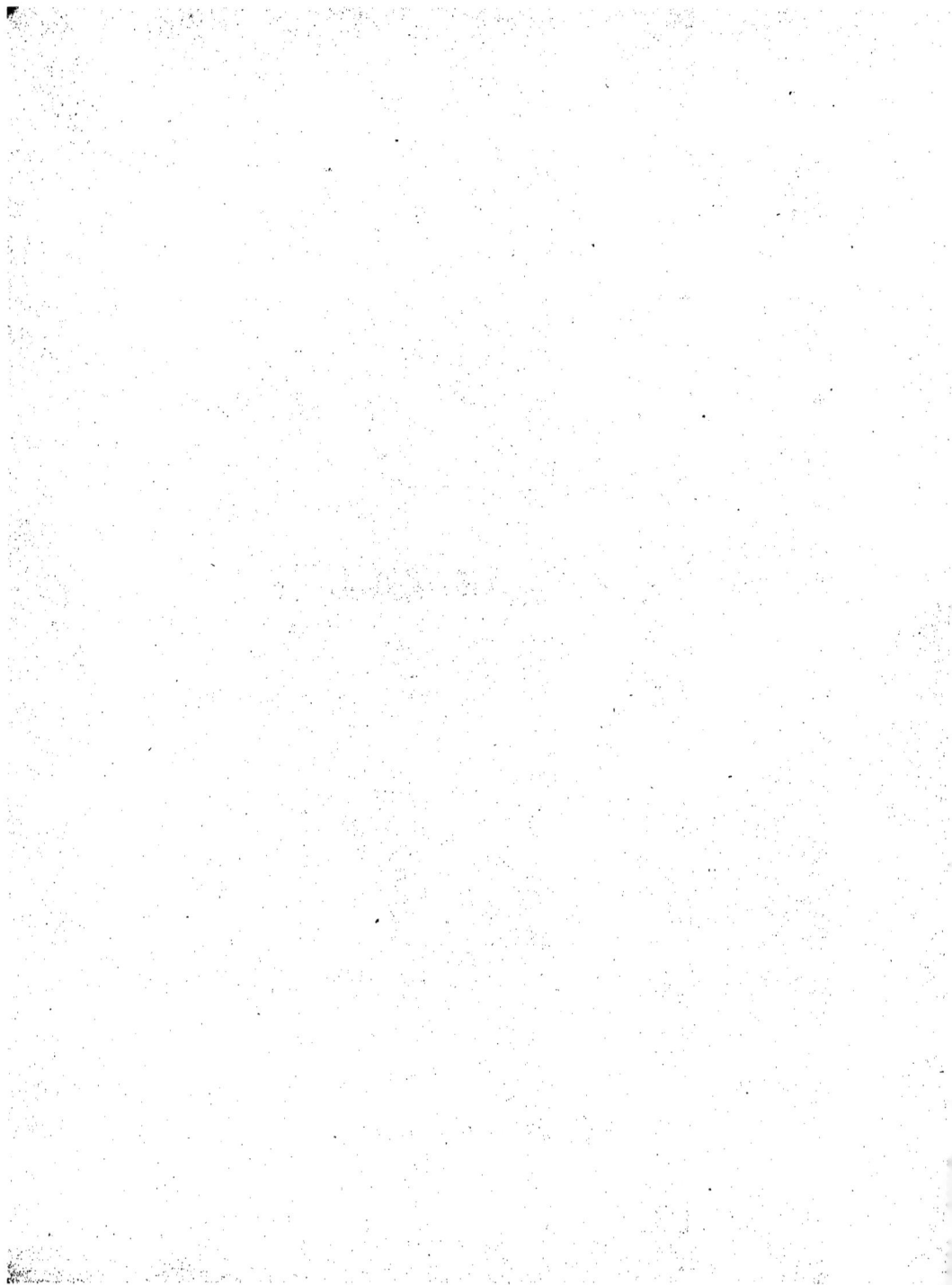

LE CHEMIN DE FER DIRECT

DE LYON A BORDEAUX

13439

Paris. — Typographie HENNUYER ET FILS, rue du Boulevard, 7.

LE

CHEMIN DE FER DIRECT

DE

LYON A BORDEAUX

A LA DERNIÈRE SESSION

DES

CONSEILS GÉNÉRAUX

EXTRAIT DES DÉLIBÉRATIONS

PARIS

DUNOD, ÉDITEUR

SUCCESSEUR DE VICTOR DALMONT

Précédemment Carilian-Gœury et Victor Dalmont

LIBRAIRE DES CORPS IMPÉRIAUX DES PONTS ET CHAUSSÉES ET DES MINES

Quai des Augustins, 49.

Septembre 1863

TABLE DES MATIÈRES

PREMIÈRE PARTIE.

NOTES SUR UN PROJET DE CHEMIN DE FER DIRECT DE LYON A BORDEAUX.

SECONDE PARTIE.

EXTRAITS DES DÉLIBÉRATIONS DES CONSEILS DÉPARTEMENTAUX.

AVANT-PROPOS

———

Au mois de janvier de cette année nous faisions paraître des notes sur un projet de chemin de fer direct de Lyon à Bordeaux; en même temps nous faisions des démarches pour obtenir la concession de cette ligne.

Nous joignons à ces notes les vœux unanimes que les Conseils départementaux viennent de formuler pour demander à l'Etat la prompte exécution de notre projet.

Quelques-uns de ces vœux étant fortement motivés, nous pensons que cette publication indiquera d'une manière complète la situation de cette affaire.

———

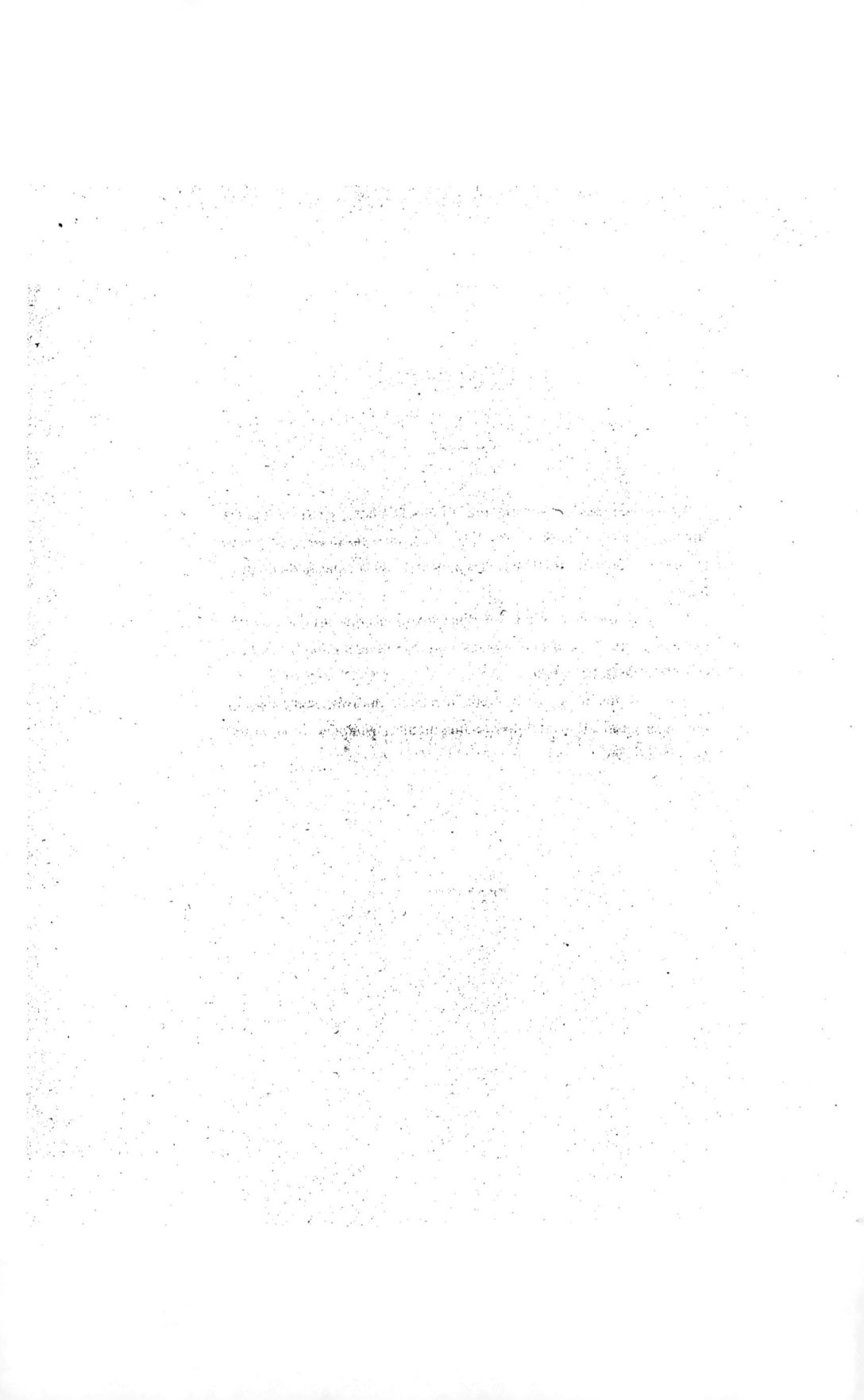

NOTES

SUR UN PROJET DE CHEMIN DE FER DIRECT

DE LYON A BORDEAUX

PARIS. — TYPOGRAPHIE HENNUYER, RUE DU BOULEVARD, 7.

1º Utilité d'un chemin de fer direct
de Lyon à Bordeaux.

La route impériale nº 89, entre Lyon et Bordeaux, est une des plus anciennes routes faisant communiquer le centre de l'Europe avec l'Océan.

Avant l'établissement des chemins de fer, elle marchait de pair, pour l'importance du trafic, avec le canal du Languedoc. Tout l'est de la France depuis Clermont, toute la Suisse, toute la Savoie, une partie même du Piémont et de l'Allemagne, recevaient par cette voie les riches productions des îles et des continents étrangers, et leur envoyaient en échange leurs produits manufacturés.

Depuis une huitaine d'années, cette route a été complétement abandonnée au profit des premiers chemins de fer établis; et d'un autre côté, les ports de l'Océan, mal desservis par les nouvelles voies de communication, ont été remplacés en partie par ceux de la Méditerranée et de la Manche. Cependant, malgré un immense parcours et le prix nécessairement très-élevé du transport, certaines marchandises arrivent encore par Bordeaux; ces marchandises, jointes à celles qui proviennent de son riche et fertile territoire, produisent entre cette ville et l'est de la France, depuis la hauteur de Dijon jusqu'à l'extrémité sud du Dauphiné, un tonnage qui s'élève au chiffre énorme de 120 millions de kilogrammes.

La ligne que nous proposons d'exécuter remplacerait la route impériale par un chemin de fer aussi direct; elle réduirait la distance entre Lyon et Bordeaux à 525 kilomètres, tandis qu'aujourd'hui cette distance, par le chemin de fer le plus abrégé (ligne par Vierzon), est encore de 800 kilomètres. Il est vrai que certains embranchements projetés, qui doivent avoir par eux-mêmes une très-grande importance, réduiront cette distance à 640 kilomètres; mais il reste encore en faveur de notre projet une économie de parcours de 115 kilomètres.

Le nombre considérable des transactions actuelles, et le développement que leur donneront naturellement de plus grandes facilités de communication, assurent à cette voie un avenir important, et permettent, sans faire de trop grands sacrifices, de doter de chemins de fer une partie de la France qui en est complétement dépourvue.

Puisque le Gouvernement se préoccupe du chemin de fer direct entre Lyon et Clermont par Montbrison, et que même l'Empereur a ordonné le commencement de ces travaux; puisque, d'autre part, des études sérieuses ont déjà été faites entre Clermont et Tulle, nous pensons qu'une compagnie pourrait se charger de l'ensemble de ce grand travail. En effet, si l'on établit cette ligne au point de vue de la communication directe entre Bordeaux et Lyon, et qu'on l'approprie en même temps aux intérêts des localités traversées, on obtiendra un résultat meilleur que si l'on étudie et exécute isolément des tronçons séparés, qui ne formeront jamais un ensemble satisfaisant.

Nous n'entrerons pas dans les discussions qui se sont élevées au sujet du tracé par les plateaux de la Corrèze ou par le fond de la vallée de la Dordogne; les habitants de ces localités ont, mieux que nous, le droit d'exprimer leurs préférences. Seulement, nous adopterions volontiers l'opinion de la plupart des ingénieurs des ponts et chaussées, dont l'avis est favorable au tracé par les plateaux. Nous donnerons en leur place les motifs qui nous font préférer cette solution.

2° Importance des localités

traversées par le chemin direct de Lyon à Bordeaux

SECTION DE CLERMONT-FERRAND A LYON.

Nos relations très-fréquentes avec Clermont, Thiers et Saint-Etienne nous ont mis à même de nous rendre compte d'une manière assez complète de l'importance du trafic entre Clermont et Lyon, et nous ont engagé à étudier sérieusement si, malgré les difficultés d'exécution, un chemin de fer direct reliant ces deux villes ne pourrait pas desservir l'intérêt des capitaux nécessaires à sa construction.

Aujourd'hui, nous avons la conviction que l'établissement de ce chemin n'entraînerait pas à des sacrifices aussi grands que ceux qu'on avait d'abord décidés.

En effet, Clermont est en rapport journalier avec Thiers, Saint-Etienne et Lyon : Clermont et la riche vallée de la Limagne, Pont-du-Château, Lezoux et les autres localités considérables qui bordent le tracé, alimentent de leurs produits agricoles l'immense centre de consommation situé à Thiers et dans les montagnes environnantes[1]. Ces contrés, entièrement industrielles, ont l'avantage, pour une ligne

---

[1] La ville de Thiers occupe, pour sa coutellerie et sa quincaillerie, une population de 20,000 ouvriers.

de chemin de fer, de tout importer ce qu'elles consomment, de tout exporter ce qu'elles produisent. C'est encore l'Auvergne qui fournit les vins, les grains, les légumes, les fruits qui se consomment dans les villes industrielles de la Loire. D'un autre côté, c'est de Saint-Etienne et de Lyon que l'Auvergne reçoit le charbon[1], le fer et l'acier nécessaires aux besoins de son agriculture et de son industrie. Nous ne pouvons énumérer ici les autres marchandises si variées, telles que soieries, cotons, sucres, cuirs, etc., qui font encore, entre Clermont et Lyon, l'objet d'un commerce important.

Si l'on jette ensuite un coup d'œil sur les hautes montagnes du Forez que nous traversons, on est loin de trouver dans ces régions l'aspect désolé qu'on pourrait redouter sur ces plateaux culminants. De tous côtés, au contraire, on rencontre de très-beaux pâturages, et, au sommet même, les forêts de l'Hermitage, depuis Noirétable jusqu'à Ambert, offrent de magnifiques sapins, qui peuvent dédommager des frais nécessaires pour s'élever à cette hauteur. C'est un champ inépuisable pour Saint-Etienne et le bassin de la Loire, qui consomment presque autant de bois qu'ils produisent de charbon. Aujourd'hui même, malgré la difficulté du transport, de nombreux convois de voitures apportent à la ligne du Bourbonnais des planches et des bois de construction.

Les belles carrières de marbre blanc de Noirétable, les filons de plomb argentifère de Champoly et de Saint-Germain-Laval offrent des ressources dont on ne pourra complétement profiter qu'à l'aide des nouvelles voies de communication.

L'activité industrieuse des habitants de ces montagnes leur a permis de vivre à l'aise malgré les difficultés de toute nature qui se présentent pour l'exportation de leurs produits. Aussi tous les cours d'eau sont-ils couverts d'usines déjà importantes, telles que les moulins et les papeteries d'Ambert, les scieries de Boën, les tanneries de Saint-Thurin et de Noirétable, etc.; ces établissements acquerraient certainement

---

[1] La coutellerie de Thiers et les petites forges emploient presque exclusivement les houilles collantes du bassin de la Loire.

par ce nouveau chemin de fer un développement considérable.

L'agriculture, déjà très-avancée dans ces contrées, retirerait un grand avantage de l'emploi de la chaux, qui permettrait certaines cultures qu'on n'a pu encore aborder. Ces montagnes nourrissent, en outre, une grande quantité de bestiaux, et la difficulté de l'exportation les empêche seule de lutter avec d'autres localités mieux desservies sous ce rapport. D'ailleurs, l'étude du rendement cadastral indique nettement que ces localités ont une importance bien plus grande que ne pourrait le faire supposer leur position topographique.

Depuis Boën jusqu'à Bellegrade, la ligne traverse la plaine du Forez. Dans ces dernières années l'Etat s'est trop ému des avantages que ces localités pourraient retirer de transports faciles et de l'emploi de la chaux pour que nous insistions sur l'utilité de cette partie du chemin. Son trafic serait encore assuré sur ce parcours, puisque l'on sait que toute la côte, depuis Montbrison jusqu'à Roanne, fournit aujourd'hui des vins qu'on expédie à Saint-Etienne, à Rive-de-Gier, et dans toutes les montagnes du Lyonnais; d'un autre côté, la plaine tirerait de l'Arbresle d'énormes quantités de chaux pour l'agriculture, et enverrait ses produits sur les marchés de Lyon. Feurs et Montbrison, ces deux grands marchés du Forez, reprendraient par ce chemin l'importance qu'ils ont perdue dans ces dernières années.

La traversée des montagnes du Lyonnais, depuis Bellegarde jusqu'à Lyon, offre un autre genre de mouvement : les populations viennent à Lyon prendre de l'ouvrage de soieries qu'elles exécutent chez elles; elles sont également agricoles, et se livrent principalement à l'élève des bestiaux. Nous citerons sur le parcours Saint-Galmier, Chazelles et sa chapellerie, le petit bassin houiller de Sainte-Foy-l'Argentière, les mines de cuivre de Saint-Bel, la vallée de la Brevenne, et enfin les plateaux d'Ecully et de la Tour de Salvagny, où les Lyonnais ont leurs maisons de campagne. Et le mouvement qui s'opère aux abords de Lyon est tel, que quarante-huit voitures, diligences ou omnibus, font chaque jour ce trajet, et suffisent à peine à desservir ces localités.

SECTION DE CLERMONT-FERRAND A TULLE

Dans la seconde partie de la ligne, le commerce et l'industrie sont beaucoup moins avancés.

Depuis Clermont jusqu'à Tulle, on ne peut pas espérer, pour le moment, des transactions aussi actives. Cependant, si l'on en croit l'opinion des populations traversées, et les vœux unanimes formés depuis plus de huit ans par tous les Conseils généraux et d'arrondissement, ce pays est plus susceptible qu'on ne le penserait d'alimenter le trafic d'un chemin de fer. Nous avons plusieurs fois traversé ces montagnes dans tous les sens, et, nous aussi, nous avons acquis la conviction que ce qui manque surtout à ces pays, c'est la possibilité de transporter les matières qu'ils produisent et celles qui leur sont nécessaires.

Dans ces dernières années, depuis l'établissement des chemins de fer de Bordeaux à Brives, et de Saint-Germain à Brioude, nous avons vu les points les plus élevés des montagnes de l'Auvergne prendre subitement, dans un certain rayon, un développement agricole extraordinaire. Aujourd'hui la boucherie de Paris, celle de Saint-Etienne et de Lyon, viennent chercher des produits jusque sur les marchés de Rochefort, d'Herment et du Mont-Dore. Des éleveurs que nous consultions dans les villages de la Queille et de Bourg-Lastic, nous montraient des prairies achetées, il y a quelques années, au prix de 150 francs l'hectare, et dont la valeur s'élève actuellement à 2,500 francs; ils y avaient amené à grands frais de la chaux et des engrais étrangers. Aujourd'hui ces prairies nourrissent de magnifiques troupeaux. A côté de ces beaux pâturages, ces agriculteurs nous ont montré d'immenses champs de bruyère, et pour leur donner la même valeur ils nous ont assuré qu'il ne faut que des avances de fonds et la possibilité de vendre les produits.

Nous ne parlons point, dans cette appréciation, de la partie comprise entre Clermont et Pontgibaud. On sait combien les belles côtes qui dominent Clermont et Riom sont riches et peuplées; on connaît l'importance des usines de Pontgibaud, et la difficulté qu'elles ont à recevoir leurs combustibles, à expédier leurs produits. Le chemin traverse aussi les carrières de Volvic, dont on vient de si loin et à grands frais rechercher les beaux matériaux de construction. Ces 40 hilomètres peuvent donc encore être classés dans la partie productive du chemin.

Depuis Rochefort jusqu'à Tulle, les ressources actuelles pour le trafic d'un chemin de fer consistent principalement dans l'exploitation des forêts qui s'étendent sur une grande surface des départements du Puy-de-Dôme, du Cantal et de la Corrèze. Des bois de toute espèce périssent sur place faute de consommation; à peine exploite-t-on çà et là quelques chênes et quelques châtaigniers pour la fabrication des merrains. Le transport des bois constituerait, nous le croyons, comme sur le chemin de Périgueux à Limoges, un des éléments les plus importants du trafic. Nous ne pouvons pas dès à présent apprécier quel serait le développement industriel de ces contrées; mais, ce que nous savons, c'est que de tous côtés, à Bort, à Single, à Champagnac, et en plusieurs autres points, le long de la Dordogne, à Bourg-Lastic, à Maimac, le long de la route, il existe des bassins houillers dont l'exploitation n'est limitée que par l'absence des voies de communication. Les minerais de fer abondent dans ces départements; il existe même des hauts fourneaux en activité à Bort et à Bourg-Lastic. Les mines de plomb de Neuvic et de Mauriac, les mines d'alun du Mont-Dore, déjà en exploitation, sont susceptibles d'un grand développement.

D'ailleurs, que ne doit-on pas attendre de ces populations vigoureuses du centre de la France, qui pendant la belle saison n'hésitent pas à quitter leur pays pour se livrer aux industries les plus pénibles parce qu'elles ne trouvent pas chez elles un débouché suffisant aux produits de leur travail, et qui, manquant d'ouvrage pendant les rigueurs de l'hiver, reviennent dresser et assainir leurs prairies avec le soin et l'habileté qu'elles ont acquis dans les travaux de chemin de fer? Il faut voir, auprès de Tulle et d'Ussel, des villes et des villages, l'aspect riche et florissant des champs, des prés et des jardins pour comprendre l'amélioration qu'apporterait la possibilité d'amener des engrais et d'écouler les produits.

Toutes les localités dont nous venons de parler n'ont pas seulement une importance industrielle ou commerciale. Elles peuvent encore retirer un immense avantage de la fréquentation de leurs sites pittoresques et des eaux minérales qu'elles renferment. Il suffit de citer Saint-Galmier, Charbonnières, Sail-Sous-Couzan, Royat et le Mont-Dore. Si nous ajoutons enfin que ce chemin est aussi le plus direct faisant communiquer l'est de la France avec les bains si fréquentés de l'Océan, nous croirons avoir énuméré d'une manière assez complète les éléments de prospérité des pays que la ligne doit desservir.

3° Possibilité de l'établissement d'une ligne directe entre Lyon et Bordeaux dans des conditions de bonne exploitation.

La ligne de Lyon à Bordeaux eût été sans doute une des premières établies, puisque chacun est pénétré des avantages qu'eût offerts une communication directe entre ces deux villes, si pendant longtemps les difficultés qu'on rencontre n'avaient paru insurmontables. Il fallait tous les perfectionnements apportés dans l'art des chemins de fer, et l'expérience de leur immense rendement, pour encourager dans cette entreprise.

L'avant-projet que nous avons fait nous a montré que ce chemin pouvait être construit dans des conditions d'exploitation semblables à celles que présentent les chemins de fer déjà exécutés dans les parties montagneuses du territoire. D'ailleurs les limites des pentes et des rampes peuvent être accrues ou diminuées suivant la dépense que l'on voudra faire. Nous croyons que, pour un chemin de cette importance, ce n'est point de ce côté-là que doivent porter les économies, mais qu'elles doivent reposer plutôt sur la grande simplicité du travail.

A partir de Tulle, situé à 220 mètres d'altitude, le chemin peut s'élever sur le plateau central avec une rampe variant entre 15 et 20 millimètres (c'est la première limite que nous préférerions).

Après Egletons, la voie, obligée de traverser quelques affluents de la Dordogne, présenterait une succession de pentes et de rampes de 6 à 10 millièmes, et passerait près d'Ussel et de Bourg-Lastic, pour pénétrer dans la vallée de la Sioule, à une altitude de 770 mètres.

Profitant de cette vallée, le chemin redescendrait sur Pontgibaud avec une pente de 6 millimètres, puis contournerait le plateau volcanique de Clermont en passant près de Chazelles et de Pauniat. De ce point, le chemin se développerait sur la côte de Clermont avec une pente de 16 millimètres après avoir passé à Volvic, Sayat et Cébazat.

La ligne, après Clermont, traverse la plaine de l'Allier à l'altitude moyenne de 320 mètres; en ce point le tracé entièrement arrêté a reçu un commencement d'exécution. La traversée de cette plaine n'offre pas de difficultés sérieuses, si ce n'est un pont sur l'Allier et un viaduc sur la Dore.

Avant d'arriver à Thiers, le chemin devra se développer sur les collines environnantes, de manière à traverser cette ville à la hauteur de 420 mètres. Obligé ensuite de s'élever à une altitude de 700 mètres pour gagner le col de Noirétable, il peut cependant y arriver avec des rampes de 16 à 18 millimètres. La descente de Noirétable à Boën peut être exécutée avec des pentes à peu près égales.

La traversée de la plaine du Forez jusqu'à Bellegarde est analogue à celle de la plaine de l'Allier; elle s'opère à l'altitude moyenne de 360 mètres, sans autre ouvrage important qu'un viaduc sur la Loire.

De Bellegarde, le chemin s'élève avec une rampe de 10 à 15 millimètres pour atteindre la vallée de la Brevenne; une pente peu différente conduit par cette vallée jusqu'à l'Arbresle. Non loin de cette dernière localité, le chemin pénètre dans la vallée de Charbonnières, puis dans celle d'Ecully, pour descendre avec une pente d'environ 10 millimètres dans le quartier de Vaise à Lyon.

En résumé, comme l'indique cet aperçu, la roideur des pentes et des rampes n'est nulle part un obstacle insurmontable. D'ailleurs le chemin est partout à l'abri des neiges. Malheureusement on doit franchir des cols assez élevés, traverser des vallées profondes, et par conséquent monter et redescendre plusieurs fois.

4° Nécessité du concours de l'État pour l'exécution
du chemin de fer direct de Lyon à Bordeaux.

On a pu voir dans les paragraphes précédents quelle était notre confiance dans l'avenir de la ligne qui nous occupe. Nous avons essayé
de faire ressortir l'importance des rapports depuis longtemps établis
entre les localités qu'elle rencontre sur son parcours, et d'autre part
nous avons montré que le développement des relations déjà existantes
entre Bordeaux et l'est de la France lui assurerait un trafic considérable. Aussi nous sommes convaincu qu'exécutée dans les conditions des autres lignes, cette entreprise pourrait vivre d'elle-même. Mais
les difficultés de construction, les frais élevés de l'exploitation, et le
temps qu'il faut attendre pour voir nos espérances réalisées rendent
nécessaire le concours de l'Etat.

Cette intervention, nous le croyons, ne doit pas être onéreuse. Car,
ce qui frappe surtout quand on examine cette entreprise, c'est que le
capital important employé à son exécution sera dépensé en totalité
dans ce pays même où l'argent est si indispensable au développement
de l'agriculture. En effet, ces localités peuvent fournir tous les matériaux nécessaires à la construction d'un chemin de fer ; et, tandis que,
sur les autres lignes, les ouvriers, presque tous étrangers au pays, emportent en partie l'argent qu'ils gagnent, là au contraire on est au centre des contrées qui fournissent à la France entière les terrassiers, les
tailleurs de pierre et les maçons. On connaît l'attachement de ces
montagnards pour leur pays ; on sait que leurs économies, péniblement
acquises, sont consacrées à construire une ferme, à former un petit

domaine. Quelle garantie plus certaine, quel élément plus puissant pour la mise en culture des 500,000 hectares de bruyères et de jachères répandues dans la Creuse, la Corrèze, le Puy-de-Dôme et le Cantal ?

Depuis longtemps d'ailleurs le Gouvernement, qui se préoccupe si vivement des intérêts du pays, a compris les avantages que cette partie déshéritée de la France retirerait d'un chemin de fer : des études sérieuses ont été faites, des tronçons même ont été commencés. On comprend cependant que, devant des dépenses énormes entièrement à la charge de l'Etat, l'exécution complète puisse en être retardée pendant longtemps. Aussi, pénétré de la conviction que non-seulement cette ligne directe entre l'est et l'ouest de la France serait pour les régions du centre l'ère d'une prospérité nouvelle, mais encore qu'établie dans ces conditions elle pourrait fournir aux capitalistes un placement avantageux, nous sommes prêt à en demander la concession.

La subvention qui nous serait nécessaire n'est qu'une faible partie des dépenses que l'Etat a résolu d'y consacrer. Ainsi se réaliseraient dans un bref délai et sans de trop grands sacrifices les désirs du Gouvernement, les espérances et les vœux des populations.

L. MANGINI.

Lyon, 1863.

Paris. — Typographie Hennuyer, rue du Boulevard, 7.

EXTRAITS

DES DÉLIBÉRATIONS

DU CONSEIL D'ARRONDISSEMENT DE LYON

ET DES CONSEILS GÉNÉRAUX

DU RHONE, DE LA LOIRE, DU PUY-DE-DOME

DE LA CORRÈZE, DE L'AIN

DE LA SAVOIE, DE LA HAUTE-SAVOIE

3

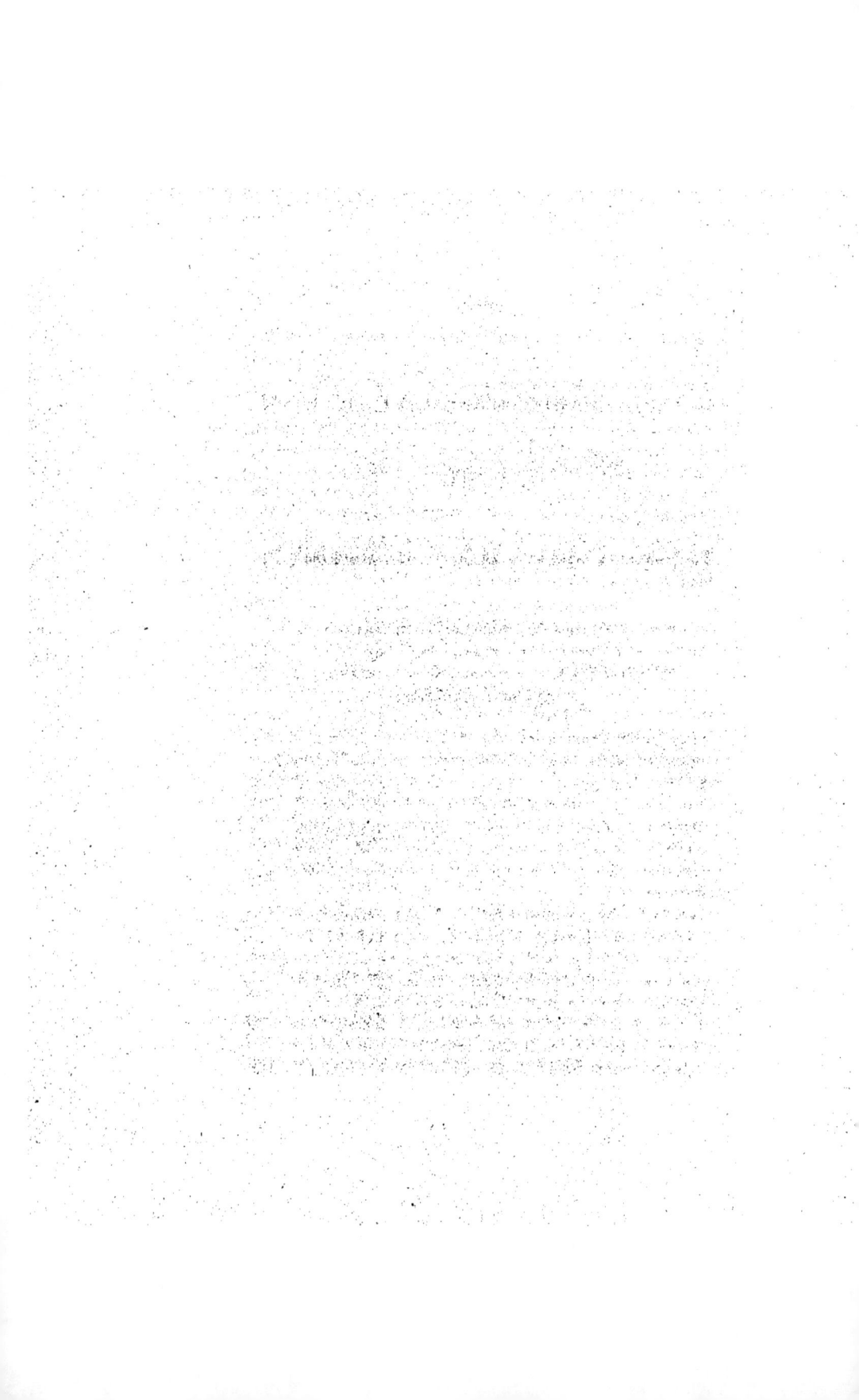

CONSEIL D'ARRONDISSEMENT DE LYON

EXTRAIT DU REGISTRE DES PROCÈS-VERBAUX

SESSION DE 1863 — SÉANCE DU 21 JUILLET

CHEMIN DE FER DIRECT DE LYON A BORDEAUX
PAR ÉCULLY, CHARBONNIÈRES, L'ARBRESLE, SAINTE-FOY-L'ARGENTIÈRE
MONTROND, MONTBRISON, BOEN, THIERS
CLERMONT-FERRAND, PONTGIBAUD, BOURG-LASTIC, USSEL
ÉGLETONS ET TULLE

Le projet de chemin de fer direct de Lyon à Bordeaux a été communiqué au Conseil d'arrondissement, qui a été invité à donner son avis : 1° sur la possibilité de sa réalisation ; 2° sur son degré d'utilité, soit au point de vue des intérêts particuliers des nombreuses localités qu'il parcourt, soit au point de vue des intérêts généraux d'une partie considérable de la France et principalement des deux grandes cités commerciales et industrielles qui sont ses points extrêmes de départ et d'arrivée.

Parmi les nouvelles affaires dont le Conseil d'arrondissement de Lyon a été saisi cette année, le projet de cette grande voie ferrée est, sans contredit, de beaucoup la plus importante dont il ait eu à s'occuper. Aussi, est-elle la première qui ait été mise à l'ordre du jour par le président, immédiatement, dès l'ouverture de la session.

La Commission des intérêts publics à laquelle le dossier a été confié a tenu une longue séance dès le jour même de l'installation du Conseil, sous la direction du président, qui a été chargé de recueillir à la hâte tous les documents qu'il croirait propres à élucider une question aussi grave.

Le lendemain, dès les neuf heures du matin, la Commission des intérêts publics a consacré quatre heures consécutives à étudier toutes les pièces qui faisaient partie du dossier, ainsi que celles qui avaient été empruntées à différentes sources. Elle a pu, à la suite de ce long travail de recherches, formuler les propositions qu'elle devait soumettre au Conseil.

Par suite de ces travaux préparatoires, le rapporteur a pu lire au Conseil réuni en séance générale un travail étendu qui a été écouté avec toute l'attention que comportait une affaire où se trouvaient engagés des intérêts si divers, si nombreux et d'une si grande importance.

Durant plus de deux heures, le Conseil a étudié soigneusement les propositions de sa Commission. Il les a toutes examinées et adoptées successivement par des votes séparés, qu'il a confirmés ensuite par un vote d'ensemble pris à l'unanimité des voix.

Le Conseil, pour témoigner de tout le soin qu'il a mis dans l'étude d'une semblable affaire, a voulu que dans ses procès-verbaux un résumé du travail de sa Commission précédât son avis motivé. Il a dès lors arrêté que le procès-verbal de la séance concernant cet important projet comprendrait les paragraphes suivants :

1° Exposé succinct du projet du chemin de fer direct de Lyon à Bordeaux présenté par MM. Mangini.

2° Rappel du vœu du Conseil d'arrondissement, dans sa session de 1861, demandant les études d'un chemin de fer de Montbrison à l'Arbresle et Lyon, par la plaine de Meys et la Brevenne, comme prolongement sur Lyon de la ligne de Clermont, de l'Ouest et de Bordeaux.

3° Importance d'une grande ligne de chemin de fer de Lyon à Bordeaux, aussi directe et aussi courte que l'était la route de terre n° 89, par Clermont, Tulle et Périgueux. Les voies ferrées actuelles s'éloignent beaucoup du tracé direct, et celles projetées par voie d'embranchements ne s'en rapprocheront pas assez pour ramener la grande circulation et le trafic considérable qui existaient autrefois entre les contrées parcourues.

4° Etude du projet, au point de vue : 1° de sa possibilité matérielle, bien qu'il faille franchir successivement les trois principales chaînes de montagnes du centre de la France; 2° de sa possibilité financière, le coût de son établissement comme chemin direct et aussi court que la route 89, étant bien moins considérable qu'on ne pouvait le craindre avant une étude minutieuse et consciencieusement faite; 3° du court délai qu'on demande pour l'exécuter et le livrer à la circulation.

5° De l'utilité de ce chemin de fer direct de Lyon à Bordeaux, au point de vue des intérêts particuliers des nombreuses et importantes localités qu'il doit successivement parcourir.

6° De l'utilité du chemin de fer direct au point de vue des intérêts généraux d'une grande partie de la France, et principalement des deux grands centres de population qui en occupent les deux points extrêmes : Lyon et Bordeaux.

7° Des garanties de toute nature, comme constructeurs et comme capitalistes, qu'offrent MM. Mangini, qui, depuis bientôt deux ans font étudier le projet dans tous ses détails pour l'exécution, et qui demandent à en être les concessionnaires.

8° De l'ensemble et de la réunion de toutes les conditions les plus heureuses pour la réussite d'un aussi utile projet, dont les populations attendent la réalisation avec une impatience bien légitime, puisqu'il doit être pour elles, tout aussi bien au point de vue agricole qu'industriel, une source abondante d'améliorations et de bien-être.

9° De l'impossibilité d'une opposition sérieuse à un projet aussi bien conçu et étudié, aussi facilement réalisable, avec des frais aussi modérés, et dans un laps de temps aussi court.

10° Cependant, de l'opposition que fait à ce projet la Compagnie de Paris à Lyon et à la Méditerranée, du moyen qu'elle a employé pour le rendre impossible en se faisant remettre la concession d'un tronçon du milieu de cette ligne, celui de Montbrison à Clermont, la grande ligne de Lyon à Bordeaux, soit de Lyon à Tulle, n'a plus de raison d'être, ne peut plus s'établir et ne peut plus rendre les services qu'on attend d'elle, si elle n'est pas une grande ligne entre les mains d'une seule Compagnie.

11° De la grande influence de la Compagnie de Paris à Lyon et à la Méditerranée. L'Empereur, qui a déjà tant fait pour Lyon, pour Bordeaux, pour les populations du centre de la France, et qui se propose, comme il l'a déclaré à plusieurs reprises, de faire encore beaucoup pour elles ; l'Empereur seul, s'il veut bien prendre connaissance de ce projet, peut faire disparaître les obstacles que soulève contre cette œuvre si utile et si désirée la toute-puissance de la Compagnie de Paris à Lyon et à la Méditerranée.

12° Avis motivé du Conseil d'arrondissement.

Les documents que renfermait le dossier du projet du chemin de fer de Lyon à Bordeaux, ainsi que tous ceux que le président du Conseil et la Commission des intérêts publics ont pu réunir, viennent naturellement se grouper, au moins d'une manière sommaire, dans ces différents paragraphes.

Ces paragraphes présentent dès lors une esquisse assez complète du projet, ainsi que la juste appréciation qu'en a faite le Conseil, après l'avoir étudié avec le plus vif intérêt et s'être bien pénétré de toute son importance pour nos populations.

I

Exposé succinct du chemin de fer de Lyon à Bordeaux,
suivant le projet présenté.

Le chemin de fer direct de Lyon à Bordeaux aurait une longueur totale de 548 kilomètres ; 1 kilomètre de plus, seulement, que la voie de terre la plus directe, entre ces deux grandes villes, la route 89 de Lyon à Bordeaux, par Clermont, Tulle et Périgueux.

La partie la plus occidentale de ce chemin est déjà livrée à la circulation, et fait partie du réseau de la Compagnie d'Orléans. Cette première partie, qui a une longueur de 225 kilomètres, comprend quatre sections : de Tulle à Brives, 24 kilomètres ; de Brives à Périgueux, 72 kilomètres ; de Périgueux à Coutras, 78 kilomètres, et de Coutras à Bordeaux, gare de la Bastide, 51 kilomètres. Cette première partie, on le répète, qui longe la route 89, est terminée ; elle est livrée à la circulation, excepté aux abords de Tulle, où les travaux s'achèvent ; et elle appartient à la Compagnie d'Orléans.

La seconde partie du chemin direct de Lyon à Bordeaux, qui s'étend de Tulle à Lyon, présente une longueur de 323 kilomètres. Cette partie, qui est la plus difficile et la plus longue, est complétement à faire à neuf. C'est celle dont la construction est étudiée depuis plus de deux ans, et c'est sur elle que repose dans son entier le projet dont il s'agit.

Au point de vue administratif, ce projet comprend trois sections principales : la section de Lyon à Montbrison, d'une longueur de 72 kilomètres ; la section de Montbrison à Clermont, d'une longueur de 99 kilomètres ; enfin la troisième et dernière section de Clermont à Tulle, présentant un parcours de 152 kilomètres ; soit, un total, pour les trois sections, de 323 kilomètres. Au point de vue de la construction de la voie ferrée, par conséquent des travaux, ce projet comprend un plus grand nombre de sections, dont l'établissement a été rendu obligatoire par la topographie ou l'état des lieux.

De Lyon à Tulle on doit franchir trois chaînes de montagnes, deux grandes plaines ou vallées et le plateau du centre de la France. Chacun de ces points principaux entraîne par ses différences topographiques des travaux et des frais différents ; de là, six sections naturellement établies. La section de Lyon à Montrond comprend la traversée des montagnes du Lyonnais ; celle de Montrond à Montbrison et Boen fait traverser la plaine de la Loire ; par celle de Boen à la Dore, à 5 kilomètres au-dessous de Thiers, on franchit les montagnes du Forez ; de la Dore, au-dessous de Thiers à Clermont, on coupe la riche vallée de la Limagne ; à partir de Clermont, on gravit la chaîne montagneuse de l'Auvergne, pour la descendre ensuite jusqu'à Pontgibaud ; à partir de Pontgibaud, on s'élève sur le plateau central qu'on parcourt jusqu'à Eyrem, et l'on descend ensuite assez rapidement jusqu'à Tulle.

A. *Section de Lyon à Montrond ; traversée des montagnes du Lyonnais.* — Le point de départ de la ligne serait au centre de Lyon, sur la rive droite de la Saône, dans le quartier Saint-Paul. Là, s'élèverait la gare des voyageurs et des marchandises à grande vitesse. Cette gare serait à la hauteur de 180 mètres au-dessus du niveau de la mer, par conséquent à 6 ou 7 mètres au-dessus du niveau des quais. De cette gare, la ligne passerait dans un tunnel de 200 mètres derrière l'Homme-de-la-Roche, longerait à distance le quai de Pierre-Scize, franchirait le dessous des forts de Loyasse par un tunnel de 650 mètres environ, trouverait dans la plaine de Vaise sa gare de marchandises à petite vitesse et tous ses dépôts, et pénétrerait dans la vallée d'Ecully par un tunnel de 300 mètres. Dans tout le parcours du territoire de la ville de Lyon, la rampe de la voie ferrée n'aurait pas dépassé 5 millimètres, et nécessairement les gares se seraient établies sur des paliers horizontaux. Le chemin de fer de Lyon à Paris aurait été traversé à Vaise, en viaduc, à 6ᵐ,50 au-dessus.

La ligne remonterait la vallée d'Ecully par une rampe de 9 millimètres, passerait au-dessous de la route du Bourbonnais et du Grand-Peuplier par un tunnel de 400 mètres, se développerait dans la vallée de Charbonnières qu'elle remonterait par une rampe de 10 à 12 millimètres, jusqu'au plateau culminant de Lentilly. La ligne passerait alors dans la vallée de la Brevenne avec une pente maximum de 15 millimètres et un tunnel de 2,000 mètres; se raccorderait à l'Arbresle avec la ligne de Saint-Germain à Tarare et remonterait la vallée de la Brevenne jusqu'à Sainte-Foy-l'Argentière, avec une pente qui, nulle part, ne dépasserait 15 millimètres.

De Sainte-Foy, la voie ferrée gagne la plaine de Meys qu'elle suit jusqu'à Viricelle, où elle franchit le point de partage des eaux de la Méditerranée et de l'Océan, à la cote 492, par un tunnel de 820 mètres. Elle descend la petite vallée d'Anzieux avec une pente de 15 millimètres jusqu'au delà de Bellegarde, et une pente de 9 millimètres jusqu'à Montrond. La longueur de cette première section de la ligne, soit de Lyon à Montrond, est de 58 kilomètres.

B. *Section de Montrond à Montbrison et Boen, soit la traversée de la plaine de la Loire.* — Cette section a une longueur de 30 kilomètres en touchant à Montbrison. Il y a, pour franchir la Loire, un pont considérable avec deux jetées y aboutissant, qui pourraient venir en aide à l'endiguement qu'on se propose de faire le long du fleuve. Dans cette traversée de la plaine de la Loire, les pentes de la voie ferrée sont nécessairement faibles; on est à Montrond à la cote de 360 mètres; sur les bords du fleuve, à 347 mètres; près de Montbrison, à 375, et à Boen, à 400 mètres. Les travaux de cette section sont faciles à exécuter.

C. *Section de Boen à la Dore, à 5 kilomètres au-dessous de Thiers : section suivant laquelle on franchit la chaîne des montagnes du Forez.* — Si les travaux de la section précédente seront faciles à exécuter, il n'en est pas de même de ceux de la section de Boen jusqu'au-dessous de Thiers. Là, il y a des travaux d'art considérables. Un premier tunnel de 800 à 900 mètres entre l'Hôpital et Saint-Thurins; un second tunnel de 1,800 mètres entre Saint-Thurins et Saint-Julien; le tunnel du passage du faîte de la montagne, tunnel de 1,400 mètres de long, près de Noirétable, à une altitude de 700 mètres; trois tunnels de moindre importance, avant d'aborder Thiers, et au-dessous de cette dernière ville, un long viaduc de plus de 1,000 mètres et de 45 mètres d'élévation moyenne pour franchir la petite vallée de la Dore. Cette section, ainsi qu'on le verra plus tard, est celle dont le coût par kilomètre est le plus élevé. Sa longueur est de 50 kilomètres. Les rampes les plus roides sont de 16 millimètres sur 14 kilomètres de parcours, du dessous de Saint-Thurins à Noirétable, et de 17 millimètres à la descente sur Thiers et la vallée de la Dore, sur une longueur de 13 kilomètres.

D. *Section de la Dore à Clermont, d'une longueur de 33 kilomètres.* — C'est la traversée de la fertile plaine de la Limagne. Cette traversée est facile; le travail d'art le plus important est le pont à construire sur l'Allier, près de Pont-du-Château. Les rampes y sont modérées; les altitudes à atteindre varient de 310 à 370 mètres, et 390 près de Clermont.

4

E. *Section de Clermont à Pontgibaud, pour franchir les montagnes volcaniques de l'Auvergne.* — La voie ferrée, en quittant Clermont, se dirige vers le nord jusqu'au-dessus de Volvic, pour aller tourner le principal massif de montagnes qui dominent le Puy de la Nugère. Elle s'élève ainsi successivement de la cote de 390 mètres à Clermont à celle de 742 mètres, qui est le point le plus élevé du tunnel par lequel on franchit le faîte de la montagne. Ce tunnel du sommet a environ 4,000 mètres de long; on y monte par une rampe de 16 millimètres, et on en descend sur Pontgibaud par une pente également de 16 millimètres; on se trouve à Pontgibaud à la cote de 630 mètres. On s'est ainsi élevé depuis Clermont de 352 mètres, et l'on n'est redescendu que de 112 mètres. Le parcours de cette section, qui intéresse sous beaucoup de rapports, n'est que de 35 kilomètres.

F. *Section de Pontgibaud à Tulle.* — Cette section est de beaucoup la plus longue; elle comprend deux parties : l'une qui s'étend des bords de la Sioule à Pontgibaud, vallée de l'Allier et de la Loire, jusqu'à 3 kilomètres à l'ouest de Bourg-Lastic, sur les bords du Chavanoux, le principal affluent de la Dordogne. Dans cette première partie la voie ferrée franchit le point de partage des eaux entre les bassins de la Loire et de la Garonne à une altitude de 780 mètres près de Briffons : c'est l'altitude la plus élevée qui soit atteinte par le chemin de fer direct de Lyon à Bordeaux, soit de Lyon à Tulle. La longueur de cette première partie de la section de Pontgibaud à Tulle est de 37 kilomètres, et les rampes les plus considérables ne sont que de 4 à 8 millimètres.

La seconde partie de la section, des bords du Chavanoux à Tulle, présente une longueur de 80 kilomètres : c'est le parcours du côté méridional du plateau central, ou, si l'on veut une désignation plus spéciale, du plateau de la Corrèze. La ligne parcourt cette partie du plateau par des pentes qui varient beaucoup, mais qui sur aucun point ne dépassent 12 millimètres. Arrivée à Eyrem, après avoir dépassé Egleton, la voie descend assez rapidement sur Tulle en se tenant sur la berge droite, ou côté nord de la petite vallée de la Montane. Cette descente a lieu avec des pentes de 8 à 15 millimètres, sur une longueur de 22 kilomètres.

Telle est la description succincte de la grande ligne de Lyon à Tulle et de là à Bordeaux. On doit ajouter qu'au milieu de contrées le plus souvent accidentées, on s'est étudié à ne tracer de courbes qu'à un rayon minimum de 400 mètres. Les courbes à grand rayon sont à la fois une économie pour le matériel roulant, qui s'use beaucoup moins, et une garantie contre les accidents, en même temps qu'elles permettent de maintenir pour les trains une vitesse plus régulière.

II

Rappel du vœu du Conseil d'arrondissement, dans sa session de 1861, demandant les études d'un chemin de fer de Montbrison à l'Arbresle et Lyon, par la plaine de Meys et la Brevenne, comme prolongement sur Lyon de la grande ligne de Clermont, de l'Ouest et de Bordeaux.

Dans sa session de 1861, le Conseil d'arrondissement avait indirectement émis le vœu d'un chemin de fer direct de Lyon à Bordeaux.

Dans ce vœu, le Conseil s'exprimait ainsi :

« Le Gouvernement, prenant en considération les vœux et les intérêts des populations de l'Auvergne, vient de décréter le chemin de fer direct de Clermont à Montbrison, ligne qui sera nécessairement prolongée de Montbrison à la gare de Montrond.

« Lorsqu'on se préoccupait d'établir le chemin de fer direct de Lyon à Roanne, on a étudié un tracé qui, partant de l'Arbresle, remontait la Brevenne, traversait la plaine de Meys, venait s'établir entre Chazelles et Viricelles, mais plus près de ce dernier bourg, et descendait ensuite vers la gare de Montrond, en suivant le ruisseau d'Anzieux. D'après les renseignements que le Conseil d'arrondissement a pu réunir, on remontait la Brevenne jusqu'à sa source, par conséquent jusqu'à l'extrémité de la plaine de Meys, avec une pente, au maximum, de 9 millimètres et demi; on traversait, dans une tranchée de 800 mètres de long, l'élévation de terrain qui sépare les sources principales de la Brevenne de celles du ruisseau d'Anzieux, et l'on descendait ensuite le long de ce ruisseau, avec une pente maximum de 1 centimètre.

« Le point de départ de l'Arbresle était à une altitude de 226 mètres; le point culminant de la tranchée, à l'extrémité de la plaine de Meys, était de 495 mètres; différence d'altitude, 269 mètres; longueur du parcours entre les deux points, 28$^{kil.}$,500 ; c'était ainsi une pente qui ne pouvait pas dépasser 9 millimètres et demi. Pour la descente, vers la gare actuelle de Montrond, le long du ruisseau d'Anzieux, on avait : altitude du point culminant de la tranchée, à l'extrémité de la plaine de Meys, 495 mètres; altitude à la gare de Montrond, 365; différence de niveau, 130 mètres; longueur du parcours entre les deux points, 13 kilomètres environ, ce qui donne une pente de 1 centimètre.

« Cette voie ferrée, établie, deviendrait le trajet direct de Lyon à Clermont et vers tout l'Ouest; elle serait, sous ce rapport, d'une utilité générale incontestable. Elle deviendrait une des lignes principales et certainement la plus courte de Lyon à Bordeaux par Volvic, Pontgibaud, Pont-au-Mur, Aubusson, Bourganeuf, Limoges et Angoulême. Elle ouvrirait au commerce de Lyon le plateau central de la France et toutes ses dépendances. Ce serait, pour Lyon, la voie la plus directe vers l'Océan et vers ses rivages les plus riches; car d'Angoulême une voie ferrée descendra nécessairement jusqu'à Rochefort et à la Rochelle, le long de la Charente, par Cognac et Saintes.

« Il est à remarquer que cette nouvelle ligne relierait entre elles, par les trajets les plus courts, toutes les voies ferrées qui, en France, vont du nord au midi; les voies ferrées de Paris à Lyon par la Bourgogne; de Paris à Lyon par le Bourbonnais; de Paris en Auvergne par Moulins et Clermont, de Paris à Périgueux par Châteauroux et Limoges; de Paris à Bordeaux par Poitiers et Angoulême; de Paris à Rochefort et la Rochelle par Poitiers et Niort.

« Mais, en dehors de ces intérêts généraux, auxquels elle donnerait pleine satisfaction, en ne considérant cette ligne qu'au point de vue de notre département, on ne peut méconnaître tous les avantages qu'elle apporterait à nos contrées montagneuses, aux deux cantons de Saint-Symphorien-sur-Coise et de Saint-Laurent-de-Chamousset, ainsi qu'à la partie ouest de celui de l'Arbresle. Tous leurs produits agricoles, et on doit ajouter ceux de leur industrie, se dirigent vers Lyon ; mais les distances sont longues, les transports coûteux et difficiles, ces frais sont une augmentation du prix des produits ou une perte pour les produc- teurs. La voie ferrée améliorerait nécessairement cet état de choses ; ce serait pour ces contrées une véritable régénération.

« En présence de toutes ces considérations, on comprendra l'una- nimité des voix avec laquelle le Conseil rappelle toute la sollicitude de l'administration supérieure du département sur ce tracé et le projet du chemin de fer de l'Arbresle à Montbrison. »

Entre ce vœu du Conseil d'arrondissement exprimé dans la session de 1861 et le projet qui lui est soumis aujourd'hui, il y a deux diffé- rences : l'une repose sur les pentes de la voie ferrée de Lyon à Montrond, et l'autre sur la direction du chemin de fer, en quittant Pontgibaud.

Pour les différences de pentes, le Conseil avait admis qu'on pouvait traverser la chaîne des montagnes du Lyonnais avec 10 millimètres, tandis que le projet admet 15 millimètres. Cette différence ne tient pas des erreurs de nivellement. Le Conseil avait dit qu'on pouvait franchir le point culminant de la plaine de Meys à l'aide d'une grande tranchée de 800 mètres à une altitude de 495 mètres ; le projet d'aujourd'hui franchit ce même point culminant à une altitude de 492 mètres, à l'aide d'un tunnel de 820 mètres. Il n'y a de différence pour le nivellement que de 3 mètres. Comment se fait-il que, pour monter à cette hauteur et en descendre, on consigne dans le projet actuel des rampes de 15 mil- limètres, au lieu de 10 millimètres indiqués par le Conseil ? C'est que dans le projet, par économie de travaux, on a fait varier les pentes sui- vant l'état des lieux.

Pour le changement de direction du chemin, à partir de Pontgibaud, le Conseil avait indiqué la direction de Pont-au-Mur, Aubusson, Bourganeuf, Limoges et Angoulême, parce que d'Angoulême la voie ferrée, tout en se rendant à Bordeaux par Coutras, pouvait aussi avoir un embranchement le long de la Charente, descendant jusqu'à Rochefort et la Rochelle par Cognac et Saintes. Cet embranchement mettait Lyon en rapport plus direct avec les parties les plus riches des côtes de l'Océan. Cette direction sera prise plus tard. Mais la direction sur Bordeaux, à partir de Pontgibaud, par Bourg-Lastic, Ussel, Egletons, Tulle, Brives et Périgueux, qui est la direction soumise aux appréciations du Conseil, est plus courte (pour Bordeaux) de 30 kilomètres environ.

III

Importance d'une grande ligne de chemin de fer de Lyon à Bordeaux, aussi directe et aussi courte que l'était la route de terre n° 89, par Clermont, Tulle et Périgueux. Les voies ferrées actuelles s'éloignent beaucoup du tracé direct, et celles projetées par voie d'embranchement ne s'en rapprocheront pas assez pour ramener la grande circulation et le trafic considérable qui existaient autrefois entre les contrées parcourues.

Pour comprendre toute l'importance de cette grande ligne à travers la France, de l'est à l'ouest, il suffira de se rappeler que c'est la première grande ligne dont on s'est préoccupé dès l'apparition des chemins de fer : c'était bien naturel.

Les premiers besoins pour lesquels l'industrie humaine a inventé les voies ferrées, c'est le transport des marchandises lourdes et considérables dans les contrées où il n'y avait pour ces transports que les charrois à forces vives, par les chevaux ou tous autres animaux domestiques, dans les pays, par conséquent, où il n'y avait ni rivières, ni canaux. C'est ainsi que les premiers chemins de fer se sont montrés dans les mines du pays de Galles, en Angleterre, et c'est ainsi que notre premier chemin de fer français a été le chemin de fer de Saint-Etienne à Lyon, pour le transport des houilles.

Le besoin des chemins de fer ne s'est donc pas fait sentir dès l'abord, dans les grandes vallées où se trouvent les fleuves et les rivières navigables, pas plus que dans les pays à pentes insensibles, qui communiquent entre eux à l'aide des canaux. Il était donc bien naturel, on le répète, qu'on songeât dès le principe à établir cette grande ligne à travers le centre montueux de la France, là où il n'y avait pas de moyens de transports faciles et en rapport avec la grande somme de marchandises à transporter. On y a toujours songé, mais on s'en est toujours éloigné, par la crainte exagérée de ne pouvoir triompher d'obstacles qui grandissaient d'autant plus qu'on ne les examinait que de loin, et avec des idées préconçues. Plus tard, lorsque quelques lignes ont été établies, malgré les longs détours qu'elles faisaient faire, on s'en est servi pour une part au moins de tout ce trafic qui existait entre l'ouest et l'est, entre Bordeaux et Lyon.

Par les voies ferrées actuelles, les communications entre ces deux grands centres de population se font par le nord ou le midi, par la ligne de Vierzon ou par celle de Toulouse; voyons les distances qu'il faut que les marchandises parcourent en suivant ces deux lignes.

Le chemin de fer de Lyon à Bordeaux par Avignon, Tarascon, Cette, Toulouse et Agen, compte 833 kilomètres de longueur, ainsi répartis : de Lyon à Avignon, 230 kilomètres; d'Avignon à Tarascon, 22 kilomètres ; de Tarascon à Cette, 105 kilomètres ; de Cette à Toulouse, 219 kilomètres; de Toulouse à Agen, 121 kilomètres ; d'Agen à Bordeaux, 136; total du parcours, 833 kilomètres.

Le chemin de Lyon à Bordeaux par le nord, par Saint-Etienne, Roanne, Vierzon, Limoges et Périgueux, est un peu moins long, il ne compte que 814 kilomètres; on trouve en effet : de Lyon à Saint-Etienne, 57 kilomètres ; de Saint-Etienne à Roanne, 81 kilomètres; de Roanne à Vierzon, 248 kilomètres ; de Vierzon à Limoges, 200 kilomètres ; de Limoges à Périgueux, 99 kilomètres ; et de Périgueux à Bordeaux, 129 kilomètres; total de l'ensemble, 814 kilomètres.

Le chemin direct de Lyon à Bordeaux par Sainte-Foy-l'Argentière, Montrond, Boen, Thiers, Clermont, Pontgibaud et Tulle, et sur lequel le Conseil est appelé à donner un avis, présente un parcours qui n'est que de 548 kilomètres. Ce n'est guère que la moitié des parcours que sont obligés de faire aujourd'hui les marchandises qui viennent de l'ouest, qui viennent de Bordeaux à Lyon.

Il est bien vrai qu'à l'aide de plusieurs embranchements on cherche à établir, pour l'avenir, deux lignes de chemin de fer allant de l'est à l'ouest, et qui seront plus centrales. Ce sont les lignes : d'une part, par Tarare, Gannat, Montluçon et Limoges ; d'autre part, par Saint-Etienne, le Puy, Aurillac et Brives. Ces deux lignes abrégeront les distances, toutefois elles seront de 100 kilomètres plus longues; et elles seront d'un trajet plus difficile.

La ligne de Lyon à Bordeaux par Saint-Etienne, le Puy, Arvant, Aurillac et Brives, présente une longueur de 659 kilomètres, ainsi qu'il suit : de Lyon à Saint-Etienne, 57 kilomètres ; de Saint-Etienne au Puy, 76 kilomètres; du Puy à Arvant, 72 kilomètres ; d'Arvant à Aurillac, 138 kilomètres; d'Aurillac à Brives, 115 kilomètres ; de Brives à Bordeaux, 201 kilomètres; total : 659 kilomètres. Cette distance pourrait s'amoindrir, si la ligne, arrivée à Saint-Denis, comme on le propose, ne remontait pas à Brives, mais se dirigerait de Saint-Denis à Libourne par Sarlat et Bergerac ; ce serait la ligne de la Dordogne inférieure. C'est surtout sur quelques points des premières parties de cette ligne que le trajet sera difficile, principalement dans la mauvaise saison. On peut citer pour exemple le tronçon d'Arvant à Aurillac, qui doit franchir le faîte qui sépare le Plomb du Cantal du Puy-Marie, à une altitude de près de 1,100 mètres.

La ligne de Lyon à Bordeaux par la nouvelle voie de Tarare, par Roanne, Gannat, Montluçon, Bersac, Guéret, Limoges et Périgueux, ne compte que 639 kilomètres de long ; mais c'est encore 100 kilomètres environ de plus que le chemin de fer direct dont on s'occupe. On comptera de Lyon à Roanne par Tarare 96 kilomètres ; de Roanne à Gannat, 90 kilomètres; de Gannat à Montluçon, 65 kilomètres ; de Montluçon à Bersac par Guéret, 121 kilomètres ; de Bersac à Limoges et Périgueux, 138 kilomètres ; de Périgueux à Bordeaux, 129 kilomètres ; ainsi, un total de 639 kilomètres.

On doit ajouter que ces deux dernières lignes, qui abrégent les distances, tout en étant de 100 kilomètres plus longues que le chemin direct, se composent d'une suite d'embranchements appartenant à des administrations différentes; qu'il y aura nécessairement des retards dans les transports, peut-être même des transbordements, tandis que pour la ligne directe il n'y aurait qu'une seule Compagnie de Lyon jusqu'à Tulle, et ensuite de Tulle à Bordeaux, la Compagnie d'Orléans.

Par suite de tout ce qui précède, on est obligé de reconnaître que les différentes lignes détournées de Lyon à Bordeaux, qu'on vient d'indiquer, ne pourront ramener la grande circulation et le trafic considérable qui existaient déjà à l'aide de la route 89, et qui fera plus que décupler, dès que la grande voie ferrée qui doit longer cette même route 89 sera établie.

IV

Etude du projet au point de vue : 1° de la possibilité matérielle, bien qu'il faille franchir successivement les trois principales chaînes de montagnes du centre de la France; 2° de sa possibilité financière, le coût de son établissement comme chemin direct et aussi court que la route 89 étant bien moins considérable qu'on pouvait le craindre avant une étude minutieuse et consciencieusement faite; 3° du court délai qu'on demande pour exécuter cette ligne et la livrer à la circulation.

On examinera le projet successivement à ces trois points de vue principaux, qui en font ressortir les conditions les plus essentielles.

A. *De la possibilité matérielle de l'exécution de la voie projetée.* — Lorsqu'on est dans le bassin du Rhône, sous la parallèle de Lyon, et qu'on jette les yeux vers l'ouest, on voit se dresser successivement trois hautes murailles, qui semblent devoir intercepter tout passage, surtout pour une voie ferrée. Ces murailles sont les trois chaînes de montagnes qu'on a toujours considérées comme infranchissables, et qui, ce-

5

pendant, se laissent franchir assez aisément, comme on l'a démontré en exposant succinctement le tracé que devait suivre le chemin de fer direct de Lyon à Tulle. L'élévation moyenne de ces trois chaînes est en effet : pour celle du Lyonnais, de 800 à 900 mètres ; pour celle du Forez, de 1,100 à 1,200 mètres, et pour celle de l'Auvergne, de 1,300 à 1,400 mètres. Ce sont là des élévations considérables, mais qui ne doivent pas être appréciées d'une manière absolue, mais bien relativement aux altitudes des plaines ou vallées qui les côtoient. En outre, dans les deux premières chaînes, les faîtes présentent des dépressions sur deux points qui sont on ne peut plus favorables pour des passages. Quant à la troisième chaîne, la chaîne volcanique de l'Auvergne, comme elle ne présente point de col assez bas, on s'avance au nord pour la tourner autour du massif du Puy de Nugère, au-dessus de Volvic.

Par suite de toutes ces circonstances, les premières montagnes sont franchies à une altitude de moins de 500 mètres, les secondes à une altitude de 700 mètres ; et les troisièmes sont tournées à une hauteur de 742 mètres. Ce qui rend encore ces passages plus faciles, c'est que les deux vallées principales d'où il faut s'élever pour franchir les chaînes, ont elles-mêmes une altitude d'environ 400 mètres. Les facilités du tracé s'expliquent ainsi tout naturellement.

Ce qu'il y a de remarquable, c'est que le point le plus élevé du parcours n'appartient pas aux trois groupes de montagnes qu'on redoutait tant ; il existe sur l'espèce de soulèvement arrondi qu'on rencontre au milieu de ce bassin houiller morcelé qui occupe le pied du versant occidental de la chaîne volcanique de l'Auvergne. C'est en effet près de Briffons, sur le point soulevé, qui est en même temps le partage des eaux de la Loire et de la Dordogne, à une altitude de 780 mètres, que se trouve la partie la plus élevée du parcours du chemin de fer direct de Lyon à Bordeaux.

Les pentes les plus considérables sont de 15 et de 16 millimètres, sur un seul point elles atteignent 17 millimètres ; mais on espère, pendant l'exécution des travaux, ramener ces pentes à 16 millimètres, peut-être même à quinze. Quant aux courbes, on l'a déjà dit, elles ont au moins 400 mètres de rayon ; ellessont donc dans les conditions les plus favorables pour une voie ferrée qui doit serpenter dans des contrées très-accidentées.

Ainsi, il ne peut s'élever aucun doute sur la facilité à établir cette grande ligne de chemin de fer.

B. *De la possibilité financière d'exécuter cette ligne, le coût de son établissement étant bien inférieur aux premières suppositions.* — Après avoir cru pendant longtemps à l'impossibilité matérielle d'établir une voie ferrée le long de la route impériale n° 89, et aussi courte qu'elle, on avait admis qu'alors même que la possibilité matérielle serait démontrée, il resterait toujours l'impossibilité financière, même dans l'hypothèse où l'Etat viendrait en aide aux concessionnaires par une forte subvention.

Cette question financière, dont le Conseil d'arrondissement s'est beaucoup préoccupé, a été complétement élucidée. Pour rendre la chose plus claire, on donnera deux tableaux, comprenant l'un et l'autre les six sections de la ligne de Lyon à Tulle, et pour chacune de ces sections, sa longueur, son coût par kilomètre et son coût total. On aura ainsi le coût total du chemin, et son coût moyen par kilomètre. Le premier de ces tableaux a été remis au Conseil par les auteurs du projet. Quant au second, il résulte de documents confidentiels. C'est le premier tableau qui doit présenter le plus de certitude.

Chemin de fer direct de Lyon à Bordeaux.

1er TABLEAU. Estimation des Dépenses pour l'établissement de la voie ferrée d'après les études des auteurs du projet.

DÉSIGNATION DE LA SECTION.	LA LONGUEUR.	PRIX du KILOMÈTRE.	TOTAL du coût DE LA SECTION.
	kilom.	fr.	fr.
1° De Lyon à Montrond.	58	360,000	20,880,000
2° De Montrond à Boen.	30	250,000	7,500,000
3° De Boen à la Dore-sur-Thiers.	50	550,000	27,500,000
4° De la Dore à Clermont. . . .	33	320,000	10,560,000
5° De Clermont à Pontgibaud. .	35	450,000	15,750,000
6° De Pontgibaud à Tulle. . . .	117	380,000	44,460,000
	kilom.		fr.
TOTAUX. . .	323	. . . . . .	126,650,000

Prix moyen de la dépense par kilomètre : 392,105 francs.

2e TABLEAU. Estimation des Dépenses pour l'établissement de la voie ferrée d'après des documents confiés au Conseil.

DÉSIGNATION DE LA SECTION.	LA LONGUEUR.	PRIX du KILOMÈTRE.	TOTAL du coût DE LA SECTION.
	kilom.	fr.	fr.
1° De Lyon à Montrond.	58	380,000	22,040,000
2° De Montrond à Boen	30	250,000	7,500,000
3° De Boen à la Dore-sur-Thiers.	50	520,000	26,000,000
4° De la Dore à Clermont. . . .	33	310,000	10,230,000
5° De Clermont à Pontgibaud. .	35	440,000	15,400,000
6° De Pontgibaud à Tulle. . . .	117	350,000	40,950,000
	kilom.		fr.
TOTAUX. . .	323	. . . . . .	122,120,000

Prix moyen de la dépense par kilomètre : 378,080 francs.

Lorsqu'on compare ces deux tableaux, on ne trouve pas qu'il y ait dans les chiffres qui y sont portés des différences bien importantes. La dépense totale de la ligne s'élève, d'après le premier tableau, à 126,650,000 francs, et, suivant le second, à 122,120,000 francs, c'est une différence de 4,530,000 francs portés en moins sur le second tableau. C'est que sur ce dernier il y quatre sections, dont le prix de revient du kilomètre est moins élevé; pour une section, celle de Montrond à Boen il est égal; et pour celle de Lyon à Montrond il est supérieur. Suivant les auteurs du projet on peut établir cette section de Lyon à Montrond pour 20,880,000 francs, les gares et la triple voie de l'intérieur de Lyon comprises. Suivant les documents recueillis par le Conseil, cette section, à cause des dépenses d'acquisition du sol dans l'intérieur de la ville qui est bâti sur presque toute sa surface, coûterait 1,160,000 francs de plus.

On doit prendre pour base les calculs des auteurs du projet; ainsi on doit admettre que cette grande ligne de Lyon à Tulle coûtera pour son établissement 126,650,000 francs.

Les travaux doivent durer quatre années, il faut donc compter deux années d'intérêt pour ce capital employé, soit 12,665,000 francs.

Il faut ajouter la valeur du matériel d'exploitation, matériel roulant, locomotives, waggons, etc., à raison de 31,000 francs par kilomètre, soit 10 millions, et enfin une année d'intérêt de cette somme, ou 500,000 francs.

La somme totale se trouve ainsi portée à 149,815,000 francs, soit 150 millions.

Ainsi le coût de cette grande ligne de Lyon à Tulle, à travers le centre montagneux de la France, au moment même de la mise en circulation, avec tout son matériel roulant et au grand complet, se trouve réduit à une somme de 150 millions, tous frais et intérêts soldés. Ce chiffre est loin de celui de 245 millions, qu'on disait devoir être le minimum de sa dépense; c'est 100 millions de moins. Cependant ce chiffre de 150 millions porté au projet est bien un chiffre véritable, résultat d'études et d'appréciations qui durent depuis bientôt plus de deux ans. Il est d'ailleurs proposé et accepté d'avance par les constructeurs les plus habiles et les plus expérimentés de France, qui offrent de prendre et d'exécuter la voie ferrée sous de semblables appréciations.

L'Etat sait, par les nombreux documents qu'il a fait recueillir, et surtout par les statistiques qu'il a fait relever, de combien s'accroîtront dès l'ouverture de cette ligne, dans les différentes contrées parcourues, les mouvements agricoles, industriels et commerciaux. Il sait aussi quelle part nouvelle de revenu lui arrivera à la suite de cet accroissement de richesse et de bien-être ; l'Etat veut donc doter cette ligne d'une subvention convenable.

Les auteurs du projet demandent pour subvention une somme de 58,400,000 francs ainsi répartie : 31 millions pour la section de Clermont à Tulle, dont la longueur est de 152 kilomètres ; et 27,400,000 francs pour la partie de Clermont à Lyon, comprenant les deux sections administratives de Clermont à Montbrison et de Montbrison à Lyon, dont la longueur totale est de 171 kilomètres.

Cette subvention de 58,400,000 francs demandée pour la construction de toute la ligne de Lyon à Tulle, soit une longueur de voie ferrée de 323 kilomètres, est-elle supérieure à celle déjà accordée par l'Etat dans des conditions identiques ? Elle est de beaucoup inférieure.

Pour le démontrer, il suffira de rappeler que l'Etat, en concédant par anticipation à la Compagnie de Paris à Lyon et à la Méditerranée un tronçon de la ligne dont on s'occupe, le tronçon de Montbrison à Clermont, lui a accordé pour ce seul tronçon une subvention de 27,400,000 francs, dont 26,900,000 francs en argent et 500,000 francs en travaux déjà exécutés.

La longueur de ce tronçon, d'après les ingénieurs des ponts et chaussées, est de 110 kilomètres ; c'est ainsi une subvention de 247,091 francs que donne l'Etat pour chaque kilomètre. D'autre part, la dépense laissée à la charge de la Compagnie pour ce tronçon de Montbrison à Clermont, qui est porté, on le répète, pour 110 kilomètres de longueur, est de 32 millions de francs, soit pour chaque kilomètre 290,909 francs. En réunissant les 290,909 francs de frais par kilomètre laissés à la charge de la Compagnie, aux 249,091 francs de subvention accordés par l'Etat, également par kilomètre, le prix de revient de chaque kilomètre se trouve être, sur le tronçon de Montbrison à Clermont, de 540,000 francs.

Ces évaluations et ces chiffres sont consignés dans la loi de concession votée par le Corps législatif, dans la séance du 6 mai dernier, soit 1863 ; ils avaient été insérés dans le projet de cette même loi au *Moniteur* du vendredi 1er mai 1863, page 681, troisième colonne. On a ainsi des points de comparaison d'une rigoureuse exactitude.

Cette subvention de 27,400,000 francs que l'Etat donne à la Compagnie de Paris à Lyon et à la Méditerranée, seulement pour le tronçon de Montbrison à Clermont, les auteurs du projet la demandent également, mais non plus pour faire seulement le tronçon de Montbrison à Clermont, mais bien pour leur aider à faire toute la ligne de Lyon à Clermont, par conséquent, et le tronçon de Lyon à Montbrison et le tronçon de Montbrison à Clermont. C'est-à-dire que pour la même subvention ils offrent de faire le double de travail. Car, si la ligne de Lyon à Montbrison est plus courte de 27 kilomètres, il y a compensation par le plus de dépenses qu'exigeront les gares au sein de la ville de Lyon et la traversée d'une partie considérable de cette même ville, puisque la voie ferrée arrive dans son centre.

On le répète, pour la même subvention de 27,400,000 francs, la Compagnie Mangini offre de faire un travail double de celui que doit exécuter la Compagnie de Paris à Lyon et à la Méditerranée ; elle se contente donc d'une subvention de moitié moindre.

La Compagnie Mangini demande 31 millions pour toute la section de Clermont à Tulle, dont la longueur est de 152 kilomètres ; c'est 203,947 francs de subvention par kilomètre. Cette subvention, tout en étant proportionnellement plus forte que celle demandée pour la partie de la ligne de Lyon à Clermont, est encore de près de 50,000 francs par kilomètre au-dessous de celle donnée à la Compagnie de Paris à Lyon et à la Méditerranée, cette dernière devant recevoir par kilomètre 249,091 francs.

Pour que l'on comprenne d'un seul coup d'œil la grande différence qui existe entre la subvention que donne l'Etat à la Compagnie de

Paris à Lyon et à la Méditerranée, et celle dont se contente la Compagnie Mangini, on a établi un tableau comparatif où sont indiqués : les longueurs des lignes, leur coût total, leur coût par kilomètre, la part de ce coût par kilomètre laissée à la charge des Compagnies, la part du même coût payée par la subvention de l'Etat.

Concession du tronçon de Montbrison à Clermont donnée à la Compagnie du chemin de fer de Paris à Lyon et à la Méditerranée, avec une subvention de 27,400,000 francs ; le reste de la dépense, soit 32 millions de francs restant à sa charge, le coût total étant de 59,400,000 francs.

DÉSIGNATION DE LA LIGNE.	Longueur en kilomètres.	COUT TOTAL DE LA LIGNE.	COUT pour chaque kilomètre.	Partie du coût kilométrique laissée à la charge de la Compagnie	Partie du coût kilométrique payée par la subvention de l'Etat.
Ligne de Montbrison à Clermont. . . .	110	fr. 59,400,000	fr. 540,000	fr. 290,909	fr. 249,091

Concession demandée de toute la ligne de Lyon à Tulle par la Compagnie Mangini. Le coût total de la ligne étant de 150 millions de francs, la Compagnie ne demande que 58,400,000 francs de subvention ; elle prend à sa charge 91,600,000 francs.

DÉSIGNATION DES LIGNES OU SECTIONS.	Longueur en kilomètres.	COUT TOTAL DE LA LIGNE.	COUT pour chaque kilomètre.	Partie du coût kilométrique laissée à la charge de la Compagnie	Partie du coût kilométrique payée par la subvention de l'Etat.
Ligne de Montbrison à Clermont. . . .	99	fr. 49,549,000	fr. 500,494	fr. 348,779	fr. 151,215
Ligne de Lyon à Montbrison. . . .	72	29,180,000	405,277	233,055	172,222
Ligne de Clermont à Tulle	152	71,271,000	468,888	264,941	203,947

On est frappé dès l'abord d'un fait important, en comparant ces tableaux : c'est que l'État accorde à la Compagnie de Paris à Lyon et à la Méditerranée, pour la ligne ou tronçon de Montbrison à Clermont, une subvention de 249,091 francs par kilomètre, et que la Compagnie Mangini ne lui demande que 151,515 francs.

Si l'État accordait à la Compagnie Mangini une subvention proportionnelle à celle qu'il accorde à la Compagnie de Paris à Lyon et à la Méditerranée, il lui donnerait, pour 323 kilomètres, à raison de 249,091 francs par kilomètre, la somme de 80,456,393 francs, au lieu des 58,400,000 francs qu'elle lui demande.

C. *Du court délai qu'on demande pour exécuter et livrer à la circulation le chemin direct de Lyon à Bordeaux, soit de Lyon à Tulle.* — La Compagnie Mangini s'engage de la manière la plus formelle à avoir terminé et à livrer au public cette importante voie ferrée dans le délai de quatre années, à dater du jour du décret de concession.

Pour le seul tronçon de Montbrison à Clermont, la Compagnie de Paris à Lyon et à la Méditerranée a demandé et obtenu huit années.

V

De l'utilité du chemin de fer direct de Lyon à Bordeaux, au point de vue des intérêts particuliers des nombreuses et importantes localités qu'il doit successivement parcourir.

On n'indiquera que très-sommairement les services que cette voie ferrée est appelée à rendre aux contrées qu'elle doit traverser. Pour comprendre toute l'importance de ces services, il suffit de se rappeler que ces contrées ne communiquent entre elles, ainsi qu'on l'a déjà dit, que par des charrois de voie de terre ; qu'elles n'ont pour échanger

6

entre elles leurs produits ni canaux, ni rivières navigables, et que dès
lors la plus grande partie de ces produits est condamnée à s'anihiler
en quelque sorte sur les lieux de production, ou à ne pas être. Pour
que cette indication sommaire soit plus facile, on suivra l'ordre des
sections qui a été adopté pour l'exposition des travaux de l'ensemble
de la ligne.

A. *Utilité de la section de Lyon à Montrond, traversée des montagnes
du Lyonnais.* — L'établissement de la gare des voyageurs et des marchandises à grande vitesse, au sein de la ville de Lyon, sur le quai de
Bondy, en face les ponts de la Feuillée et de Saint-Vincent, sera la
cause d'une régénération de cette partie des anciens quartiers de notre
ville ; ce sera surtout une régénération complète pour le quartier
Saint-Paul. Cette gare doit avoir plus de 10,000 mètres carrés de surface ; trois voies ferrées doivent y aboutir ; l'une d'elles étant réservée
exclusivement aux marchandises, même à celles à petite vitesse qu'on
voudra faire arriver au milieu de la ville, pour éviter les frais et le
temps perdu d'un long camionnage venant de la grande gare de Vaise.
La première partie de cette section, desservant la banlieue de Lyon,
soit la Demi-Lune, Ecully, Tassin, Francheville, Charbonnières, sera
un véritable bienfait pour notre population, qui de plus en plus
éprouve le besoin de gagner la campagne pour se reposer durant
quelques instants de ses rudes travaux de la ville. Notre industrie de
la soierie s'accroît chaque jour dans nos villages des cantons de l'Arbresle, de Saint-Laurent-de-Chamousset, et même de Saint-Symphorien-sur-Coise. La nouvelle voie viendra encore augmenter cet accroissement. Les nombreux produits agricoles que ces mêmes cantons
nous envoient pour alimenter notre ville nous arriveront beaucoup
plus facilement, à beaucoup moins de frais, et par cela même en plus
grande abondance. Enfin, ces riches filons de pyrites qui chargent
ces nombreuses voitures que nous voyons se suivre à longue file sur
nos quais de l'ouest, donneront des produits bien plus abondants.
Leur extraction ne sera pas entravée par les difficultés et le coût trop
considérable des transports. Le bassin houiller de Sainte-Foy-l'Argen-

tière est loin d'être épuisé, des transports plus faciles donneront plus d'activité à son exploitation.

A la suite de la gare de Charbonnières, pour satisfaire à tous les besoins, dont nous venons d'indiquer seulement quelques-uns, se trouveront successivement les gares ou stations de la Tour-de-Salvagny, de Lentilly, de l'Arbresle, de Sain-Bel, de Bessenay, de Brussieux, de Sainte-Foy-l'Argentière, de Meys, de Chazelles, de Belle-Garde et de Montrond. Cette section de chemin de fer de Lyon à Montrond a une si grande importance pour la ville de Lyon et le département du Rhône, que le Conseil n'hésite pas à dire que, s'il ne fallait, pour décider de son exécution, qu'une subvention plus ou moins considérable, la ville et le département ne devraient pas hésiter à la voter.

B. *Utilité de la section de Montrond à Boen, traversée de la plaine de la Loire.* — La plaine de la Loire, d'une nature si fertile, n'attend que cette section pour tripler ses produits. Par la voie ferrée lui arriveront facilement la chaux et les engrais dont elle manque; et, d'autre part, cette voie ferrée, en la traversant, contribuera à en chasser l'insalubrité, à y accroître la population, à l'enrichir de toutes manières, cette voie ferrée rendra aux marchés de Montbrison et de Feurs l'importance qu'ils avaient il y a à peine une vingtaine d'années.

L'objection que l'on pourrait faire, que déjà la plaine de la Loire a son chemin de fer de Saint-Etienne à Roanne, n'est pas fondée. Aujourd'hui, pour aller de Lyon à Montrond par Saint-Etienne, on compte 86 kilomètres; de Lyon à Montrond par Tarare et Roanne, on en comptera 148, tandis que par la nouvelle voie il n'y en aura que 58.

C. *Utilité de la section de Boen à la Dore, au-dessous de Thiers. C'est le passage des montagnes du Forez.* — Les montagnes du Forez sont plus riches en produits naturels qu'on ne le croit généralement. Elles ont conservé de belles forêts de sapins, dont les grandes coupes sont souvent peu productives, par suite du manque des moyens de transport. Elles élèvent beaucoup de bétail dans leurs riches pâturages, mais ce bétail ne peut aller au loin chercher des marchés de vente.

De nombreux cours d'eau leur donnent des forces motrices, qui animent des usines très-variées, telles que les papeteries d'Ambert, les scieries de Boen, les tanneries de Saint-Thurins et de Noirétable. D'autre part, les belles carrières de marbre blanc de Noirétable, ainsi que les filons de plomb argentifère de Champoly et de Saint-Germain-Laval, demandent de nouveaux débouchés pour prendre l'importance qui leur appartient. Enfin, au bas de ces montagnes du Forez, sur leur versant occidental, se trouve l'industrieuse ville de Thiers, qui compte dans son sein près de vingt mille ouvriers, et qui a aussi un besoin pressant d'une grande voie de transport. Thiers se maintient, surtout pour sa coutellerie, dans un état de prospérité relative; mais cet état n'a pas grandi comme il l'a fait à Châtellerault. La faute n'en est ni à l'activité, ni à l'esprit industrieux des habitants de Thiers, mais bien à ce que, sous le rapport des communications multipliées et faciles, ils étaient moins bien partagés que les habitants de Châtellerault.

D. *Utilité de la section de la Dore-sous-Thiers à Clermont. Traversée de la Limagne.* — Les pays les plus fertiles ont besoin de voies de transport commodes et peu coûteuses, tout aussi bien que les pays pauvres. Il faut aux premiers un débouché pour leurs nombreux produits; il faut aux seconds des moyens qui assurent que les résultats obtenus par les efforts d'une meilleure culture ne seront pas stériles. Les bonnes voies de communication maintiennent les premiers dans toutes leurs richesses, et elles inaugurent pour les seconds la plupart des améliorations qui grandissent un pays.

Que deviendraient les riches produits de la Limagne, s'ils ne pouvaient s'exporter? Aujourd'hui ils s'exportent, il est vrai, mais à des conditions trop onéreuses. Ces mêmes produits s'accroîtront dès que les frais de transport seront moins coûteux. C'est ainsi que Clermont, Pont-du-Château, Lezoux et les autres localités considérables qui bordent le tracé, alimenteront de plus en plus de leurs produits agricoles Thiers, Saint-Etienne et même Lyon, et d'autre part ils recevront à de meilleures conditions le charbon, le fer, les aciers, les denrées coloniales qui leur sont indispensables.

Les pays qui ont besoin aujourd'hui de voies ferrées, sont ceux qui importent presque tout ce qu'ils consomment et qui exportent tout ce qu'ils produisent; et les pays dont nous venons de parler sont surtout dans cette double condition.

E. *Utilité de la section de Clermont à Pontgibaud, Passage des montagnes de l'Auvergne.* — Plusieurs circonstances font désirer l'établissement de cette section, il suffira d'en citer quelques-unes parmi les principales. Les belles côtes qui dominent Clermont et Riom sont riches et peuplées, elles ont besoin pour cela même d'expansion. D'autre part, on connaît l'importance des mines de Pontgibaud et la difficulté qu'elles ont à recevoir leurs combustibles, ainsi qu'à expédier leurs produits. La nouvelle voie traversera aussi les carrières de Volvic, dont on vient de si loin et à grands frais rechercher les beaux matériaux de construction. Cette section n'est pas une des moins utiles du tracé.

F. *Utilité spéciale de la dernière section, celle de Pontgibaud à Tulle. Traversée du plateau de la Corrèze.* — C'est surtout en traversant toute la contrée qui s'étend de Pontgibaud à Tulle, qu'on comprend que la première des nécessités pour un pays, c'est d'avoir des moyens de transport faciles, tout aussi bien pour écouler ses produits que pour importer les matières qui lui sont indispensables. On répète involontairement, en les parcourant, ce vieil adage dont la sagesse est consacrée aujourd'hui plus que jamais : *Tant valent les chemins, tant vaut le pays.* Ce pays paraît pauvre, non point à cause de sa nature, mais bien par l'absence de tous moyens de communication. C'est triste de traverser des forêts dont les beaux produits pourrissent sur place, faute de transport pour une consommation plus ou moins lointaine. C'est plus triste encore de traverser de vastes champs de bruyères et de fougères, dont la puissante végétation témoigne de toutes les riches moissons qu'y donneraient les céréales, ou de la beauté qu'y acquerraient les plantes fourragères et surtout les plantes sarclées. C'est non moins triste de rencontrer dans de maigres pâturages sans culture des troupeaux d'un bétail à l'ossure saillante, aux flancs décharnés et aux poils durs et hérissés. L'on rencontre tout cela dans un pays, on le répète, dont le sol n'est pas d'une mauvaise nature et se plierait au contraire aux cultures les plus variées. Ce qui manque à ce pays, ce sont les moyens de communication : le Gouvernement l'a compris depuis longtemps, il consacre des sommes assez considérables pour y faire tracer des routes, dites routes agricoles; ce sont bien là de véritables améliorations, mais qui ne se réalisent que lentement et dont les bons effets se font sentir plus lentement encore. Ce sera bien différent dès qu'une grande voie ferrée mettra ce même pays en communication directe avec Bordeaux d'une part et Lyon d'autre part, ainsi qu'avec toutes les villes intermédiaires. Alors pas de produit qui, par son transport facile et son écoulement immédiat, ne se transforme, à la volonté du producteur, en une source de richesse et par cela même de nouveaux moyens d'action.

Déjà, depuis que la ligne venant de Bordeaux a atteint jusqu'à Brives, et depuis que la voie ferrée de Saint-Germain à Brioude est ouverte, ces mêmes pays, quoique à de grandes distances encore, ont changé. Le bétail engraissé de Rochefort, d'Herment, de Bour-Lastic, vient figurer sur les marchés de Saint-Etienne, de Lyon et même de Paris. On a conduit à grands frais de la chaux dans des champs défrichés, et des fourrages plus abondants ont permis des engraissements qu'on n'avait point vus jusque-là.

L'industrie elle-même. qui essaye de naître dans ces mêmes pays, s'y développera rapidement dès que la grande voie ferrée y sera ouverte. Les petits bassins houillers, si nombreux au pied du versant occidental des montagnes de l'Auvergne, à l'origine de la vallée de la Dordogne et le long de celle de la Sioule, seront exploités fructueusement ; les minerais de fer du pays alimenteront un plus grand nombre de hauts fourneaux, et les bois eux-mêmes, si utiles, iront se consommer au loin, au lieu de se perdre sur place.

Le Gouvernement de l'Empereur désire beaucoup pour ces pays; le meilleur moyen de réaliser ses désirs et de les améliorer sérieusement, est évidemment de contribuer, pour sa part, à les doter le plus tôt possible du chemin de fer dont on s'occupe.

VI

De l'utilité du chemin de fer direct, au point de vue des intérêts généraux d'une
grande partie de la France, et principalement des deux grands centres de population qui en occupent les deux points extrêmes, Lyon et Bordeaux.

Le commerce entre Lyon et Bordeaux était, il y a quelques années,
un commerce des plus considérables. C'est que Bordeaux était un grand
port d'arrivée et d'expédition, et que Lyon était un grand centre d'approvisionnement pour tout l'est de la France, pour la Suisse, pour la
Savoie, et même pour le Piémont et une partie de l'Allemagne. A Bordeaux arrivaient, par la voie de mer, les productions les plus riches
des îles, de l'Inde et autres continents lointains ; de Bordeaux partaient
pour toutes ces mêmes contrées, les nombreux objets manufacturés
que Lyon lui envoyait directement, ou pour lesquels elle servait de
centre de convergence et de transit. Ces marchandises d'importation
et d'exportation suivaient à peu près toute l'ancienne route 89 de
Lyon à Bordeaux, par Clermont, Tulle et Périgueux, et leur tonnage
était énorme. Quelques-unes de ces marchandises, les plus encom-
brantes, empruntaient le canal du Languedoc, qui faisait ainsi concurrence à la route 89. Malgré le long détour qu'elles avaient à faire,
ces marchandises prenaient le canal du Midi, parce que sur le canal
les frais de transport étaient moins élevés.

Les chemins de fer ayant pour résultat immédiat de favoriser les
transports et de faire ces transports à des prix très-bas, relativement à
ce que coûtent ceux par des charrois de terre, il est évident qu'en
France, la première grande ligne qu'il eût fallu établir, c'était celle de
Lyon à Bordeaux, au lieu de celle, par exemple, de Lyon à Paris, villes
entre lesquelles les marchandises circulaient déjà à des prix très-bas

par la vallée de la Saône, et les canaux de Bourgogne, du Centre et de Briare ; ou bien encore celle de Paris à Orléans, Tours, Angers et Nantes, villes entre lesquelles les marchandises circulaient également avec facilité et à bas prix par la Seine, le canal d'Orléans et la Loire. Mais, le Conseil l'a déjà dit, on s'est effrayé des prétendus difficultés insurmontables qu'on trouverait dans la traversée des trois chaînes de montagnes que franchissait la route 89, directe de Lyon à Bordeaux, et la grande voie ferrée qu'on aurait dû faire la première n'a pas été entreprise, et le commerce considérable qui se faisait entre Lyon et Bordeaux s'est singulièrement amoindri. Les marchandises qui ont trouvé ailleurs, par les nouveaux chemins de fer, des prix de transport moins onéreux, malgré les longs détours qu'il leur fallait faire, ont cessé de circuler directement entre ces deux villes. Le port de Bordeaux a été abandonné, le plus souvent, pour ceux de la Manche ou de la Méditerranée ; par suite, Lyon n'a plus été le centre de convergence des objets manufacturés de l'est de la France, de la Suisse, de l'Allemagne, de la Savoie et du Piémont, qu'on devait expédier pour les contrées outre mer. Il n'a plus été également le centre d'approvisionnement des denrées coloniales, ainsi que des denrées que Bordeaux lui envoyait de son propre sol.

Qu'on ne s'y trompe pas, par le déplacement de ce grand courant commercial, il n'y a pas eu que les intérêts des deux villes extrêmes qui ont été lésés, tous les intérêts des villes intermédiaires l'ont été également. C'est ainsi que les intérêts généraux du centre de la France ont été grandement froissés.

Le Gouvernement, qui, mieux que personne, a su comprendre un état de choses aussi fâcheux, essaye d'y remédier ; pour y remédier, il n'y a qu'un moyen : c'est de rendre à la route impériale 89, la route directe de Lyon à Bordeaux, toute son importance, en la transformant en une grande et belle voie ferrée. C'est ce que fait le projet actuel. Et ce qu'il y a de remarquable, c'est que la voie ferrée projetée, malgré qu'elle soit obligée de se détourner sur quelques points, pour s'ouvrir des passages faciles, n'a pas plus de longueur que la route 89, la route la plus directe, on le répète, de Lyon à Bordeaux. La route 89 compte

547 kilomètres de longueur; le chemin de fer direct n'en comptera que 548.

C'est donc, à 1 kilomètre près, une longueur rigoureusement égale.

VII

Des garanties de toute nature, comme constructeurs et comme capitalistes, qu'offrent MM. Mangini, qui, depuis bientôt deux ans, font étudier le projet dans tous ses détails pour l'exécution, et qui demandent à en être les concessionnaires.

Par ce qui précède, le Conseil a démontré surabondamment, non-seulement la possibilité, mais même la facilité d'exécuter cette grande voie ferrée directe entre Lyon et Bordeaux, par Ecully, Charbonnières, Sainte-Foy-l'Argentière, Montrond, Montbrison, Clermont, Pontgibaud et Tulle ; tout en ne donnant à cette voie qu'une longueur égale à celle de la route la plus directe entre les deux grandes villes, la route impériale n° 89.

L'examen et l'étude attentive du projet présenté ont démontré, d'autre part, qu'il n'y avait aucune difficulté financière pour l'exécution de cette voie si utile; son coût absolu n'étant que de 150 millions et sur cette somme la part demandée à l'Etat, à titre de subvention, n'étant que de 58,400,000 francs, subvention bien modérée eu égard aux subventions accordées dans des conditions analogues et surtout eu égard aux services si multipliés que doit rendre cette ligne, ainsi qu'aux avantages incontestables qu'en doit retirer l'Etat.

Quant aux services rendus et aux avantages retirés par l'Etat, le Conseil a exposé, trop sommairement peut-être, toute l'utilité spéciale que présenterait la nouvelle voie, successivement pour les diverses contrées qu'elle desservirait et de l'utilité non moins grande qu'elle serait pour les intérêts généraux d'une partie de la France et principalement des deux grands centres de population qui en occupent les deux extrémités, Lyon et Bordeaux, entre lesquels elle rétablirait l'ancien

7

courant commercial, dont la suspension a été pour l'une et l'autre de ces deux villes la cause d'un aussi grand préjudice.

Ainsi, exécution facile, conditions financières bonnes, utilité incontestable et des plus grandes, tout se trouve réuni. Il ne reste plus que la garantie de la réalisation d'un projet si longuement préparé par plus de deux années d'études spéciales, et sur les lieux mêmes.

Le Conseil n'a aucune prédilection pour ceux qui auront à exécuter cet utile projet; la chose éminemment importante à ses yeux, c'est qu'il soit exécuté le plus tôt possible, dans le délai de quatre années, ainsi qu'il est proposé. Cependant, le Conseil n'hésite pas à dire que les auteurs de ce même projet, MM. Mangini, lui paraissent offrir toutes les garanties désirables, soit comme constructeurs, soit comme capitalistes.

Comme constructeurs, ils peuvent s'appuyer sur plus de 200 millions de travaux qu'ils ont exécutés. La construction d'une partie importante du premier chemin de fer de Saint-Etienne à Lyon, de 1827 à 1830, a été leur début. Depuis lors, jusqu'à ce jour, ils n'ont cessé de prendre part aux travaux les plus considérables de notre époque. Ce sont surtout les grands travaux des bassins houillers, les tranchées et les tunnels des chemins de fer les plus difficiles, qui les ont occupés, soit en Italie, soit en France. En France ils peuvent citer successivement le chemin de fer de Versailles rive gauche ; le tunnel sous la montagne de Fourvière, à Lyon ; le chemin de fer de Marseille à Toulon ; la traversée de la montagne de l'Estérel, sur le chemin de fer de Toulon à Nice, etc.

Comme capitalistes, ils se sont assurés par eux-mêmes et par leur entourage de la plus grosse part des 91,600,000 francs. qui resteraient à leur charge dans le total de 150 millions que doit coûter la ligne, l'Etat donnant une subvention de 58,400,000 francs.

Soit comme constructeurs, soit comme capitalistes, personne ne mettra en doute la valeur des garanties qu'offrent MM. Mangini.

VIII

De l'ensemble et de la réunion de toutes les conditions les plus heureuses pour la réussite d'un aussi utile projet, dont les populations attendent la réalisation avec une impatience bien légitime, puisqu'il doit être pour elles, tout aussi bien au point de vue agricole qu'au point de vue industriel, une source abondante d'améliorations et de bien-être.

L'énoncé de ce paragraphe, venant après tout ce qui précède, n'a pas besoin de démonstration spéciale ; cette démonstration a été faite par avance. Il serait bien difficile à tout autre projet de réunir un concours de circonstances et de conditions aussi favorable à sa réalisation.

Il serait bien difficile à tout autre projet d'être attendu avec autant d'impatience et d'être désiré aussi vivement par toutes les populations intéressées. Pour les unes, il accroîtra les richesses déjà acquises; pour les autres, il restituera des éléments d'activité industrielle et commerciale dont elles ont été dépossédées sans bénéfices pour les intérêts généraux du pays. Pour plusieurs, il sera une régénérescence, ou plutôt une naissance à une vie d'amélioration et de prospérité qu'elles ne peuvent espérer d'aucune autre manière et surtout aussi promptement.

IX

De l'impossibilité d'une opposition sérieuse à un projet aussi important, aussi bien étudié, aussi facilement réalisable, avec aussi peu de frais, et dans un laps de temps aussi court que celui de quatre années.

Le Conseil, en inscrivant ce paragraphe dans sa délibération, en a compris toute la portée. Il a reconnu que c'était grave pour lui que d'affirmer que ce projet ne pouvait pas rencontrer une opposition grande, sérieuse, reposant sur des motifs d'une justice évidente pour tous.

Il s'agissait d'établir, enfin, une voie ferrée qui aurait dû être une des premières construites; une voie qui non-seulement devait rendre aux deux plus grandes villes de l'Empire les relations immédiates qui les unissaient autrefois, mais qui devait, en jetant par-dessus toutes nos montagnes du centre un immense viaduc, rattacher directement les côtes de l'Océan aux Alpes, ainsi qu'aux populations, sans distinction de nation, qui se groupent sur leurs flancs ou à leurs pieds.

Il y avait dans ce projet une grandeur de fait et d'utilité qui ne pouvait permettre au Conseil de s'arrêter à la pensée que quelques intérêts privés pourraient bien y mettre obstacle. L'histoire avait appris au Conseil qu'il n'y a que chez les nations en décadence que les intérêts privés l'emportent ordinairement sur les grands intérêts généraux. Ces nations sont des êtres où la vie sans ressort est sur le point de s'éteindre, les parasites en profitent pour les dévorer. Il s'agissait de la France, le Conseil ne pouvait douter. Il pouvait d'autant moins douter de la réalisation de ce projet qu'il n'ignorait pas que le Gouvernement avait fait lui-même étudier la ligne sur tous ses points, depuis Tulle jusqu'à Lyon. Il n'ignorait pas également que l'Empereur, dans sa sollicitude pour les populations du Forez et de l'Auvergne, avait décrété, il y a deux ans, l'établissement de la section de Montbrison à Clermont.

X

Cependant de l'opposition que fait à ce projet la Compagnie de Paris à Lyon et à la Méditerranée, et du moyen qu'elle a employé pour le rendre impossible, en se faisant remettre la concession d'un tronçon du milieu de cette ligne, celui de Montbrison à Clermont, la grande ligne de Lyon à Tulle n'a plus de raison d'être, ne peut plus s'établir et ne peut plus rendre les services qu'on attendait d'elle, si elle n'est pas une grande ligne, entre les mains d'une seule Compagnie.

Le Conseil, par suite des relevés statistiques qu'il s'est procurés, sait que des marchandises de Bordeaux à Lyon empruntent, ainsi qu'il l'a dit, les unes la voie de Vierzon, les autres la voie de Toulouse et du midi. Les premières, arrivées à Saincaize, près Nevers, se trouvent sur le réseau de la Compagnie de Paris à Lyon et à la Méditerranée ; pour arriver à Lyon, elles empruntent les voies de ce réseau par Roanne et Saint-Etienne et payent à la Compagnie pour un parcours de 313 kilomètres. Les secondes, celles qui ont pris la voie de Toulouse et du Midi, sont sur le réseau de la Compagnie de Toulouse à Cette, et elles payent à cette même Compagnie pour atteindre Lyon un parcours de 357 kilomètres ; si au lieu de faire, pour se rendre à Lyon, 833 kilomètres, en passant par Toulouse et Cette, ou 814 kilomètres en passant par Limoges, Vierzon, et Roanne, ces mêmes marchandises arrivaient directement par la voie projetée, elles n'auraient que 548 kilomètres de parcours pour se rendre à Lyon. Ce serait pour elles la moitié moins de frais, mais elles n'auraient rien à payer à la Compagnie de Paris à Lyon et à la Méditerranée ; de là l'opposition de cette Compagnie.

Elle a pensé empêcher l'établissement de la grande ligne dont on s'occupe, en la barrant dans son milieu et en se faisant adjuger pour cela la concession des travaux de Montbrison à Clermont. Ce moyen serait malheureusement trop efficace, car en admettant qu'il fût possible de trouver une Compagnie qui voulût bien exécuter la section de Lyon à Montbrison et une autre Compagnie qui pût exécuter la section de Clermont à Tulle, les marchandises auraient à changer trois fois d'administration et de Compagnie pour arriver de Tulle à Lyon. Il résulterait d'un tel état de choses beaucoup de retard, et des transbordements qui détruiraient tout le bénéfice de la brièveté du parcours que présenterait la ligne directe, soit 548 kilomètres, au lieu de 814 ou 833.

XI

De la grande influence de la Compagnie de Paris à Lyon et à la Méditerranée. L'Empereur, qui a déjà tant fait pour Lyon, pour Bordeaux, pour les populations du centre de la France, et qui se propose, comme il l'a déclaré à plusieurs reprises, de faire encore beaucoup pour elles ; l'Empereur seul, s'il veut bien prendre connaissance de ce projet, peut faire disparaître les obstacles que soulève contre cette œuvre si utile et si désirée la toute-puissance de la Compagnie de Paris à Lyon et à la Méditerranée.

Le Conseil d'arrondissement de Lyon, qui a dû, à plusieurs reprises, s'occuper du chemin direct de Lyon à Tarare, et par conséquent de la Compagnie de Paris à Lyon et à la Méditerranée, a fini par s'incliner devant la toute-puissance de la Compagnie.

C'est ainsi qne dans sa session de l'année dernière, il a refusé de s'occuper de nouveau de ce chemin de Lyon à Tarare. Il a refusé de s'en occuper, parce qu'il était bien convaincu qu'à cet égard la Compagnie ferait ce qu'elle voudrait.

Lorsque le projet actuel du chemin de fer direct de Lyon à Bordeaux lui a été soumis, il a beaucoup hésité à émettre un avis, malgré l'immense intérêt que présentait ce projet pour la ville de Lyon et les autres parties de l'arrondissement que la nouvelle voie devait traverser.

Le Conseil ne voulait pas émettre d'avis, parce que, à moins de manquer à ses devoirs et de trahir ouvertement les intérêts qu'il a mission de représenter, il ne pouvait qu'émettre un avis favorable ; or, la Compagnie pouvait considérer cet avis favorable donné par le Conseil, comme contraire à ses intérêts particuliers ; cet avis pouvait dès lors être regardé comme nul et sans valeur.

Si le Conseil, malgré toutes ses répugnances à s'occuper de ce projet, s'est cependant décidé à le faire, c'est qu'il a osé espérer que ce projet pourrait être mis sous les yeux de l'Empereur, et que l'Empereur pèserait dans sa sagesse tous les intérêts des populations auxquels cette grande ligne est appelée à satisfaire.

L'Empereur, le Conseil est heureux de le répéter, a déjà tant fait pour Lyon, pour Bordeaux, pour toutes les populations du centre de la France, qu'on doit attendre avec une respectueuse confiance la décision qu'il voudra bien prendre après avoir examiné le projet.

XII

Avis du Conseil.

Le Conseil, d'après tout ce qui précède, et à l'unanimité des voix :

Considérant que le projet du chemin de fer direct de Lyon à Bordeaux, dressé par MM. Mangini, se présente avec de bonnes conditions de pente et de courbe, bien qu'il franchisse les trois principales chaînes de montagnes du centre de la France; les pentes les plus fortes ne dépassant pas 16 à 17 millimètres, et les courbes les plus faibles ayant encore un rayon de 400 mètres;

Considérant que le chemin de fer direct par Ecully, Charbonnières, l'Arbresle, Sainte-Foix-l'Argentière, Montrond, Montbrison, Clermont, Pontgibaud et Tulle, ne compte en longueur que 548 kilomètres, et est, par conséquent, aussi court que la route 89, par Clermont et Tulle, la plus directe de Lyon à Bordeaux;

Considérant que l'exécution matérielle de cette ligne est facilement réalisable; que son prix de revient est modéré, restant fixé à 150 millions, dont 58,400,000 francs donnés par l'Etat, à titre de subvention; qu'enfin on offre de livrer cette ligne à la circulation au bout de quatre années, à dater du jour de la concession;

Considérant que le chemin de fer direct sera d'une utilité incontestable au point de vue des intérêts particuliers des nombreuses et importantes localités qu'il doit successivement parcourir;

Considérant que ce même chemin sera d'une utilité non moins incontestable, au point de vue des intérêts généraux d'une grande partie du centre de la France, et principalement des deux grandes cités qui en occupent les points extrêmes, Lyon et Bordeaux ;

Est d'avis

Que l'exécution de cette grande voie ferrée soit arrêtée conformément au tracé indiqué ci-dessus, et qu'elle soit livrée à la circulation dans le délai au plus de quatre années ;

Est d'avis subsidiairement

Qu'elle soit concédée à MM. Mangini, auteurs du projet présenté, et qui paraissent offrir toutes les garanties désirables, soit comme constructeurs, soit comme capitalistes.

Ainsi fait et délibéré à l'unanimité des voix, le 21 juillet 1863.

DÉPARTEMENT DU RHONE

CONSEIL GÉNÉRAL

Extrait du registre des délibérations. — Session de 1863.

Un membre expose au nom de la Commission des chemins de fer :

Que, dans ses sessions précédentes, le Conseil général ayant reçu la communication de plusieurs publications qui formulaient les demandes et les vœux des départements que doit traverser la ligne du chemin de fer direct de Lyon à Bordeaux, dans sa principale section qui n'est pas encore concédée, c'est-à-dire entre Tulle et Lyon, il ne fut pris aucune délibération spéciale au sujet de ces communications, le Conseil général, néanmoins, joignit ses vœux à ceux du Conseil d'arrondissement qui avait demandé, en termes pressants, les études d'un chemin de fer de Montbrison à l'Arbresle et Lyon, par la plaine de Meys et la Brevenne, comme prolongement sur Lyon du chemin de Clermont, de l'Ouest et de Bordeaux.

Le Conseil général rejetait ainsi implicitement tous les projets partiels qui pouvaient apporter des entraves à la présentation d'une soumission pour l'achèvement, pour l'exécution complète du grand et très-utile projet d'un chemin de fer direct de Lyon à Bordeaux.

Le Conseil a toujours l'espoir que, dans les concessions de tronçons antérieurement faites à la Compagnie du chemin de fer Grand-Central de France, rien ne s'oppose d'une manière absolue à la concession

8

d'une ligne directe de Tulle à Lyon, qui est le prolongement et le complément en ligne droite du chemin de fer de Bordeaux à Lyon.

L'événement semble justifier ces sages prévisions, car aujourd'hui une soumission est déposée pour la construction de cette ligne depuis Tulle jusqu'à Lyon, suivant un tracé direct qui, partant de Lyon même, passe par l'Arbresle, Montrond, Boën, Thiers, Clermont-Ferrand, Pontgibaud, Bourg-Lastic et Ussel, sans subir aucun détour inutile, sans emprunter aucune autre ligne.

Le Conseil général,

Vu la communication qui lui est faite par M. le sénateur, et le mémoire, avec plans et profils, présenté par MM. Mangini, sur un projet de chemin de fer direct de Lyon à Bordeaux, suivant le tracé de la route impériale n° 89 ;

Vu la délibération du Conseil d'arrondissement de Lyon ;

Considérant qu'entre Lyon et Bordeaux il n'existe ni canal, ni cours d'eau navigable pour suppléer à l'insuffisance, aujourd'hui notoire, de l'ancien mode de transport par le roulage ; que depuis longtemps le Gouvernement a l'intention d'améliorer, de compléter par un chemin de fer le service de la route impériale n° 89, l'une des plus fréquentées de la France ; de mettre, par cette création, Lyon et toute la région du sud-est en communication directe avec Bordeaux, qui est pour cette région le plus important et le mieux situé de nos ports sur l'Océan ;

Que déjà, dans ce but, l'Etat a concédé les trois sections de cette ligne qui forment son extrémité à l'ouest : savoir, celle de la mer à Bordeaux, partant de la Teste et du bassin d'Arcachon ; celle qui suit le littoral de la Gironde, du Verdon, situé à l'embouchure du fleuve, et enfin celle de Bordeaux à Tulle ; sections qui ont été tracées suivant la direction la plus courte, pour mettre en communication Bordeaux avec Lyon ;

Que, pour achever ce grand travail, il ne reste plus à construire que la lacune existant encore entre Lyon et Tulle, pour laquelle une

Compagnie offrant toutes les garanties désirables a déposé une soumission ;

Que le chemin qui remplirait cette lacune abrégerait énormément le
parcours qui, entre Lyon et Bordeaux, ne serait plus que de 547 kilomètres, tandis qu'aujourd'hui il est de 814 kilomètres, dans l'obliga-
tion où l'on est de passer par Saint-Etienne et Vierzon, et qu'il ne
pourra jamais être inférieur à 639 kilomètres, même en supposant
que l'on exécuterait dans un avenir prochain toutes les rectifica-
tions ;

Considérant que le tracé proposé pour ce chemin fera cesser les
dommages causés à la ville de Lyon et au département, par le détournement sur Saint-Germain du Mont-d'Or, du chemin de fer de
Roanne à Lyon ; qu'il dessert précisément toutes les localités du département du Rhône abandonnées par le chemin de Roanne, c'est-
à-dire le bassin houiller de Sainte-Foy-l'Argentière, les mines de
cuivre de Sainbel, la vallée de la Brevenne, les eaux de Charbonnières, les plateaux d'Ecully et de la Tour de Salvagny ; localités
tellement peuplées et industrielles, que le mouvement qui s'opère
entre elles et Lyon emploie chaque jour quarante-huit voitures pu-
bliques et un roulage spécial considérable qui suffisent à peine aux
besoins ;

Que la grande utilité publique d'un chemin direct entre Lyon et
Bordeaux est telle, que, puisque l'étude du projet a démontré que le
concours de l'Etat est nécessaire et qu'il doit supporter une partie de
la dépense, soit à cause des difficultés exceptionnelles de construction, soit en raison des frais élevés de l'exploitation ; le Conseil général croit devoir dès aujourd'hui solliciter cette intervention efficace
de l'Etat ;

Considérant que rien, heureusement, comme il a été dit ci-devant,
dans les concessions antérieurement faites à la Compagnie du Grand-
Central, ne porte empêchement à la concession d'un chemin direct
entre Bordeaux et Lyon ; qu'il suffit, pour détruire toutes les préten-
tions qui pourraient être élevées à cet égard, de rappeler ici littéra-
lement les termes de la loi du 2 mai 1855, qui a concédé à la Compa-

gnie du Grand-Central de France quelques tronçons d'un chemin de fer de Saint-Etienne à Bordeaux, très improprement qualifiés du titre inexact de Chemin de Bordeaux à Lyon :

(*Extrait du Bulletin des lois, année 1853, 1ᵉʳ septembre.*)

CONVENTION. — TITRE Iᵉʳ. — *Dispositions spéciales aux lignes principales.*

Le ministre de l'agriculture, du commerce et des travaux publics, au nom de l'Etat, concède d'une manière définitive à la Compagnie du chemin de fer Grand-Central de France, les chemins de fer qui font l'objet des dispositions des articles 4 et 5 de la convention du 30 mars 1853, savoir :

1° La section du chemin de Clermont-Ferrand à Montauban, comprise entre Lempde et la rivière du Lot ;

2' Les deux sections du chemin de fer de Bordeaux à Lyon, comprises, l'une entre Saint-Etienne et le chemin de fer de Clermont-Ferrand à Montauban, l'autre entre ce dernier chemin et Périgueux ;

3° Le chemin de fer de Limoges à Agen.

Considérant qu'il demeure certain que ces concessions précédentes n'ont conféré aucun monopole à la Compagnie du Grand-Central, et que l'Etat a conservé le droit de concéder un chemin direct de Bordeaux à Lyon ;

Que la qualification erronée attribuée au chemin de fer qui, de Saint-Etienne, ira s'embrancher sur le chemin de Montauban, ne constitue pas plus un chemin direct et suffisant entre Bordeaux et Lyon que les anciennes voies ferrées que ces deux villes emploient pour communiquer entre elles en passant par la Bourgogne et Paris ou par Nîmes et les chemins du Midi; qu'il est urgent de combler cette lacune, de faire disparaître l'énorme perte de temps et d'argent causée par l'absence d'un chemin direct vivement désiré, qui remettra en communication comme jadis un grand port de mer et une grande cité manufacturière, qui fera revivre un grand commerce d'échange et d'exportation presque anéanti aujourd'hui; et cela directement, librement, en affranchissant, par la concession à une Compagnie nouvelle et indépendante, le commerce et l'industrie de toutes les combinaisons de voies de détournement, de tarifs différentiels, d'abonnements, de quotités de tonnage, etc., de toutes les charges enfin et de toutes les entraves onéreuses dont le monopole des anciennes Compagnies fusionnées leur impose aujourd'hui le fardeau ;

Qu'à ces premiers motifs viennent se joindre d'autres considérations très-graves, qui appuient la demande de la concession d'un chemin direct de Lyon à Bordeaux ;

Ainsi, en faisant de ces deux villes les deux têtes d'un chemin direct on les abrite pour toujours, et avec elles on abrite tout le vieil édifice de notre prospérité commerciale et manufacturière contre toutes les éventualités que peut recéler l'avenir ;

Par ces motifs, le Conseil général du département du Rhône émet l'avis qu'un chemin direct de Lyon à Bordeaux est d'une utilité publique de premier ordre.

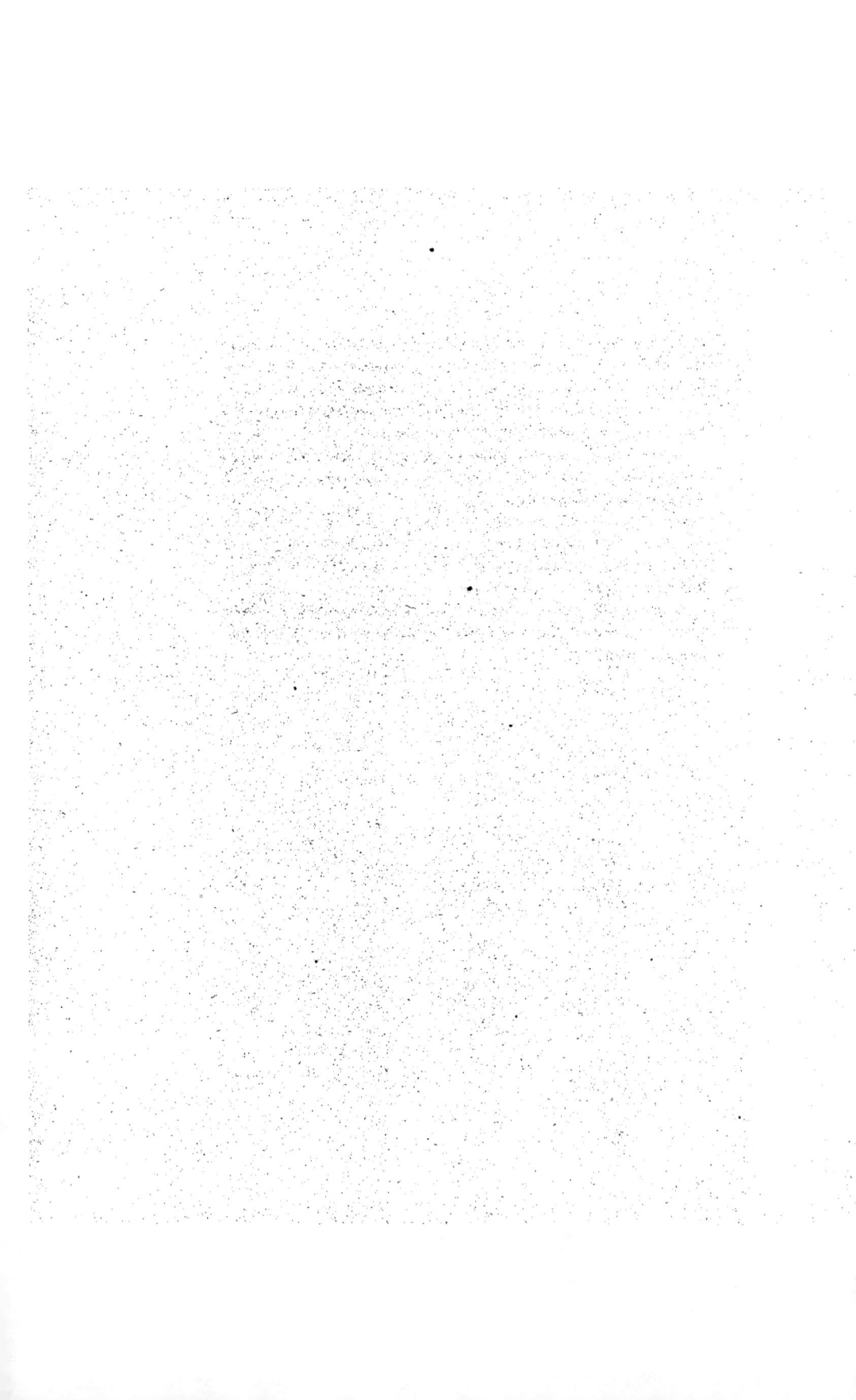

DÉPARTEMENT DE LA LOIRE

CONSEIL GÉNÉRAL

Extrait du registre des délibérations. — Session de 1863.

———————

Le Conseil général s'empresse d'exprimer ses vœux en faveur de la création d'une ligne ferrée, mettant en communication directe Lyon et Bordeaux.

Une Compagnie nouvelle s'est formée, a présenté une demande en concession et fait connaître ses propositions. Loin d'ajourner l'exécution du chemin de fer en projet, elle sollicite d'en commencer les travaux sans délai, de les poursuivre avec activité, s'engageant à les terminer en quatre années.

C'est en présence de cette situation que le Conseil général émet un vœu en l'appuyant de considérations basées, non-seulement sur l'intérêt particulier du département, mais encore sur ceux des autres contrées traversées, avec lesquelles a dû cesser en grande partie l'échange de ses relations commerciales, depuis l'abandon presque complet de la route impériale de Lyon à Bordeaux.

Ces intérêts, laissés en souffrance, n'ont point cessé d'exister, et le chemin de fer direct mis à leur service les trouverait plus actifs, et plus nombreux assurément, parce qu'il rendrait possible le transport de matières qui ne pouvaient avec avantage suivre la voie de terre trop coûteuse et trop lente (et que remplacerait la vitesse et un tarif modéré).

Sans entrer dans le détail des services que rendrait cette nouvelle voie, nous signalerons les plus importants, dont profiterait le département de la Loire.

La ville de Saint-Etienne verrait son marché de charbon et de fer ouvert, non-seulement au plateau central de la France, mais encore aux ports de l'Ouest. Ces charbons, par l'excellence de leur qualité, peuvent lutter au loin avec les houilles anglaises, même pour les usages spéciaux ; les aciers et les fers du bassin de la Loire auraient un débouché indéfini sur Bordeaux, pour les constructions navales. Par l'embranchement de Montrond à l'Arbresle, le bassin de la Loire tout entier se trouverait en communication plus directe que par la voie de Lyon avec les marchés du Beaujolais, de la Bourgogne et de l'Alsace.

La plaine du Forez, privée des éléments calcaires, verrait son sol transformé et assaini par l'emploi des chaux que ce chemin lui amènerait de l'Arbresle à des prix qui permettraient d'en généraliser l'emploi.

La création de cette ligne ne porterait qu'une atteinte peu sensible aux intérêts des grands réseaux, parce qu'elle leur procurerait un trafic tout nouveau qui échappe aujourd'hui à la France, en arrivant par les ports du Nord, et en passant par la Hollande, la Belgique, l'Allemagne et la Suisse.

Le sentiment public, il faut le reconnaître, se prononce d'ailleurs de plus en plus contre la concentration des lignes nouvelles dans les mains déjà trop puissantes des anciennes Compagnies, ne consultant que leurs intérêts au mépris des intérêts généraux, qui ne peuvent trouver de garantie contre elles que dans la sollicitude du Gouvernement.

Aussi l'opinion publique s'alarme et s'irrite d'un monopole dont les exigences se multiplient et suscitent des récriminations qui bien souvent s'élèvent plus haut que contre les Compagnies, non moins à cause des droits concédés que pour la manière dont ils sont exercés.

Dans la pensée du Conseil général, c'est par la concurrence que le mal peut être atténué ; c'est par elle que l'on doit apporter un frein à l'envahissement et à l'excès de puissance des grandes Compagnies ; elles savent trop ajourner l'exécution de leurs engagements, opposer des obstacles incessants, et, en vérité, elles semblent dire qu'elles ont demandé certaines concessions, bien moins pour les exécuter, que pour empêcher à d'autres de les obtenir.

Un tel système est fâcheux, il exclut les Compagnies nouvelles, retarde indéfiniment les services que l'on est en droit d'attendre des concessions accordées, et le public, plus exigeant quelquefois que de raison, se montre prompt à mal interpréter tout ce qui froisse ses espérances et ses intérêts.

Si donc la Compagnie nouvelle offre au Gouvernement toute garantie de moralité, d'aptitude et de ressources, le Conseil général verrait avec satisfaction qu'elle fût accueillie.

Les finances de l'Etat ne sont pas moins intéressées que le département à ce qu'elle soit préférée ; il résulte, en effet, de chiffres tenus pour constants, qu'elle offre d'exécuter, moyennant la même subvention accordée à la Compagnie de la Méditerranée, pour la seule section de Montbrison à Clermont, la totalité de la ligne de Lyon à Clermont, c'est-à-dire une ligne presque double de la première, avec gare centrale dans la ville de Lyon.

Dans le cas donc où la Compagnie de la Méditerranée conserverait la section de Montbrison à Clermont, de nouveaux sacrifices seraient à faire par l'Etat, pour la partie comprise entre Lyon et Montbrison.

L'on ne comprendrait assurément pas qu'il pût en être ainsi et l'on se demanderait avec inquiétude les motifs d'une libéralité que l'on ne saurait expliquer. La Compagnie de la Méditerranée ne saurait se retrancher derrière les traités, pour ne pas rendre au Gouvernement la disposition du tronçon de Montbrison à Clermont; elle qui si souvent a eu besoin de son indulgence pour couvrir les retards apportés à l'exécution de ses engagements.

Le Conseil général n'hésite pas à dire que la ligne directe de Lyon à Bordeaux offrirait, dans ce département surtout, l'avantage d'une sécurité aussi complète qu'on peut l'espérer, sur une voie dont le trafic normal et régulier facilite la surveillance et l'exécution des ordres, préserve des dangers d'un encombrement quelquefois tel, que l'on ne peut trouver de garantie suffisante contre des accidents qui surexcitent la douleur publique et contre le retard prolongé de l'expédition des marchandises.

Par tous ces motifs, le Conseil général prie le Gouvernement de l'Empereur de concéder la ligne directe de Lyon à Bordeaux, et de remplacer par cette ligne la section de Montbrison à Clermont, votée par le Corps législatif ;

D'accorder la préférence à une Compagnie nouvelle, de conserver à ce chemin dans toute son étendue la direction indiquée par les auteurs du projet, de ne donner pour la construction de cette voie que les délais rigoureusement nécessaires et de fixer un tarif qui, en sauvegardant les intérêts de tous, soit en rapport avec les nouveaux besoins du commerce et de l'industrie.

Le Conseil général adopte ce vœu à l'unanimité.

DÉPARTEMENT DU PUY-DE-DOME

CONSEIL GÉNÉRAL

Extrait du registre des délibérations. — Session de 1863.

Sur le vœu que la Commission présente pour le chemin de fer de Clermont à Bordeaux, et qui, en sollicitant une déclaration d'utilité publique, accuse une préférence entre les lignes rivales, M. le président fait remarquer qu'il conviendrait de laisser de côté, pour le moment, la question de tracés qui n'est pas suffisamment étudiée, tout en réservant son droit d'examen ultérieur.

Le Conseil, ayant pris en considération cet avis de son président, un membre propose de la formuler ainsi qu'il suit : « Le Conseil général demande que le chemin de fer de Clermont à Bordeaux soit déclaré le plus tôt possible d'utilité publique, sous la réserve du droit d'appréciation ultérieure du tracé définitif. »

Le Conseil adopte cette rédaction, qui remplace le vœu proposé par la Commission.

En définitive, le Conseil, délibérant, émet le vœu suivant :

Que le chemin de fer de Clermont à Bordeaux soit déclaré le plus tôt possible d'utilité publique, sous la réserve du droit d'appréciation ultérieure du tracé définitif de la ligne.

DÉPARTEMENT DE LA CORRÈZE

CONSEIL GÉNÉRAL

Extrait du registre des délibérations. — Session de 1863.

———

M. le Rapporteur de la Commission des travaux publics a la parole et lit le rapport suivant :

« Dans votre session dernière, le Conseil général de la Corrèze, s'inspirant des besoins légitimes du département aussi bien que des intérêts généraux, constatait l'importance d'une ligne de chemin de fer à construire entre Tulle et Clermont, avec un embranchement sur Bort, pour combler la lacune qui existe entre Lyon et Bordeaux.

« Le Conseil d'arrondissement de Lyon, dans sa séance du 21 juillet dernier, par un vote fortement motivé, a demandé comme vous l'exécution de cette ligne ; c'est une preuve, messieurs, que nos idées se sont vulgarisées, c'est un espoir pour nous de les voir bientôt se réaliser.

« Nous n'entrerons pas dans le développement des considérations nombreuses qui ont été exposées l'an dernier dans cette enceinte, mais nous vous proposerons de prier instamment M. le Préfet de transmettre au Gouvernement l'expression de la confiance du département dans son droit indiscutable au tracé des plateaux, tout en émettant le vœu qu'une prompte exécution vienne donner à des intérêts importants et nombreux une satisfaction des plus légitimes. »

DÉPARTEMENT DE L'AIN

CONSEIL GÉNÉRAL

Extrait du registre des délibérations. — Session de 1863.

LE CONSEIL GÉNÉRAL,

Vu le mémoire présenté à l'appui d'un chemin de fer direct de Bordeaux à Lyon, qui abrégerait de 115 kilomètres la distance séparant ces deux grands centres de commerce, en passant par Périgueux, Tulle, Clermont et Thiers et venant aboutir à Lyon, après avoir touché l'Arbresle, où elle aurait la possibilité de se souder avec la ligne en cours d'exécution, de Roanne à Saint-Germain du Mont-d'Or, sur les bords de la Saône;

Considérant que l'exécution de ce projet, qui pourra être ultérieurement complété par la construction d'un embranchement traversant l'arrondissement de Trévoux, pour gagner un point quelconque de la ligne de Lyon à Genève, offre à notre département de sérieux avantages;

Que nos échanges avec les départements du centre et du sud-ouest de la France et avec le port de Bordeaux, n'auraient plus à subir le détour et les lenteurs de la traversée de Lyon;

Par ces motifs, et sans entrer dans l'examen plus détaillé d'un projet qui n'est point encore revêtu d'un caractère officiel,

Le Conseil appuie de ses vœux l'exécution d'une ligne directe de Lyon à Bordeaux, suivant approximativement le tracé de la route impériale n° 89.

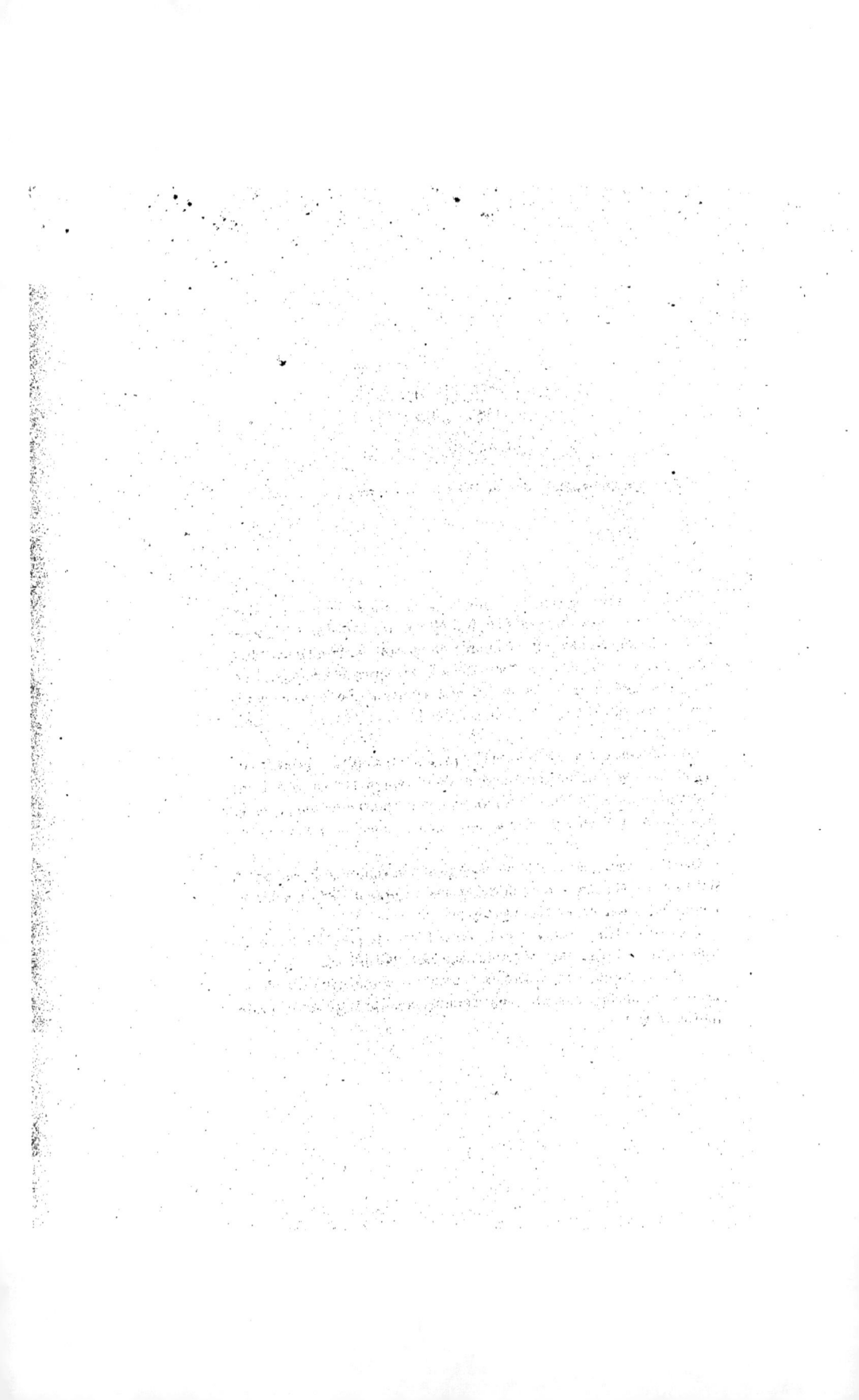

DÉPARTEMENT DE LA SAVOIE

CONSEIL GÉNÉRAL

Extrait du registre des délibérations. — Session de 1863.

RAPPORT DE LA COMMISSION

MESSIEURS,

Un projet de chemin de fer de Lyon à Bordeaux, dressé par MM. Mangini, a été communiqué à M. le Préfet par lettre du 16 de ce mois, avec les plans, notes et avis du Conseil d'arrondissement de Lyon; on fait appel aux sympathies du Conseil général de notre département pour cette vaste entreprise;

Votre deuxième Commission, après examen des pièces :

Attendu que le département de la Savoie, qui est déjà en communication avec la ville de Lyon, par les voies ferrées du Victor-Emmanuel et de l'Ain, ne peut rester indifférent au développement des moyens de transport aboutissant à cette ville;

Attendu que les intérêts généraux de la Savoie y trouveraient un avantage incontestable et utile aux progrès de l'industrie du pays, surtout si le percement de la montagne de l'Epine, espéré par le département, venait créer une ligne plus directe et plus courte entre Chambéry et Lyon;

Emet un vote favorable à l'exécution du projet du chemin de fer de Lyon à Bordeaux, suivant le tracé de la route impériale n° 89 et passant par Thiers, Clermont-Ferrand, Pontgibaud, Bourg-Lastic, Ussel et Tulle.

VOTE. — Le Conseil général de la Savoie adopte les conclusions de la Commission.

10

DÉPARTEMENT DE LA HAUTE-SAVOIE

CONSEIL GÉNÉRAL

Extrait du registre des délibérations. — Session de 1863.

Un rapporteur de la deuxième Commission s'exprime ainsi :

« D'après la demande faite à votre Conseil par MM. Mangini ; les délibérations du Conseil d'arrondissement de Lyon ; enfin l'exposé des avantages considérables qui résulteraient de l'établissement d'une grande ligne ferrée de Lyon à Bordeaux, votre deuxième Commission croit devoir vous proposer d'émettre un avis favorable à l'établissement de cette ligne si importante ; mais sans préjuger ni sur le tracé que ce chemin devrait suivre, ni sur la Compagnie à laquelle il serait concédé. »

Ces conclusions sont adoptées.

Paris. — Typographie HENNUYER et FILS, rue du Boulevard, 7.

—

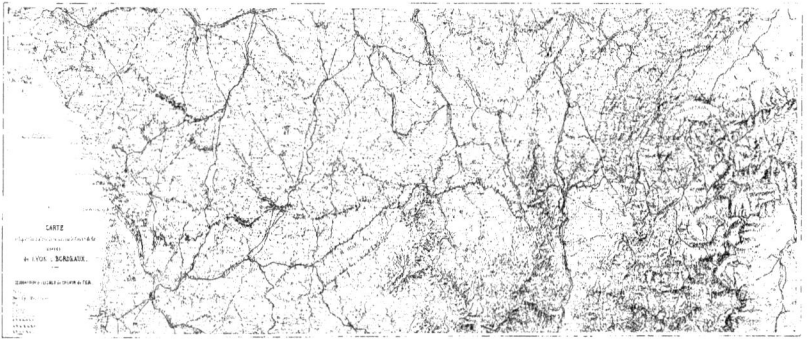

CARTE
...
de LYON à BORDEAUX.

PARIS. — TYPOGRAPHIE HENNUYER ET FILS, RUE DU BOULEVARD, 7.

www.ingramcontent.com/pod-product-compliance
Lightning Source LLC
Chambersburg PA
CBHW070902280326
41934CB00008B/1553